Erzgebirge

von Jochen Könnecke

Jochen Könnecke, 1968 in Göttingen geboren, studierte an der Universität für Musik und Darstellende Kunst Mozarteum in Salzburg Schauspiel und war an verschiedenen Theatern im deutschsprachigen Raum engagiert. Seit einem längeren Aufenthalt in Lettland im Jahr 2004 verfasst er auch Reiseführer sowie Artikel für Reisemagazine, vor allem über das Baltikum. Er lebt mit seiner Familie in Potsdam.

D1732439

www.vistapoint.de

Inhalt

Extras – Zusatzinformationen

Zeichenerklärung

Top 10
Das sollte man gesehen haben, s. vordere innere und hintere Umschlag-klappe.

Vista Point
Reiseregionen, Orte und Sehenswürdigkeiten

Symbole
Verwendete Symbole s. hintere innere Umschlagklappe.

Kartensymbol: Verweist auf das entsprechende Planquadrat der ausfaltbaren Karte bzw. der Detailpläne im Buch.

Willkommen im Erzgebirge

Nicht wenigen ist das Erzgebirge vor allem als »Weihnachts-
land« bekannt. Zu Recht, denn wo sonst kann man die Adventszeit so stimmungsvoll erleben wie hier. Doch vielmehr
ist die Gegend vom Bergbau geprägt. Und eigentlich gehört
beides zusammen – die Dunkelheit der Grubenschächte und
die feierlichen Lichter der Schwibbögen. Inmitten der schnee-
bedeckten Berglandschaft mit tiefen Wäldern und lieblichen
Tälern liegen sie, die gemütlichen Dörfer und kleinen Städte,
in denen ehemals die Bergleute mit Frau und Kindern lebten
und ums tägliche Brot kämpften, während die sächsischen
Landesfürsten einen Prunkbau nach dem anderen errichten
ließen. Schlecht bezahlt und hart arbeitend sahen die Männer
kaum Tageslicht, fuhren sie doch vor Sonnenaufgang in den
Berg hinein und kehrten nicht wieder zurück, ehe die Sonne
untergegangen war. 800 Jahre lang wurde im Erzgebirge nach
Edelmetallen und wertvollen Mineralien gesucht, vom *Ersten
Berggeschrey* Mitte des 12. Jahrhunderts bis kurz nach der
Wende, als das letzte Bergwerk geschlossen werden musste.
  Die Sehnsucht nach Licht ist daher das Grundmotiv der
erzgebirgischen Kultur. Das spiegelt sich auch in all den

niedlichen und in mühsamer Handarbeit hergestellten Holz-kunstwerken, die die Region weit über die Grenzen Deutsch-lands hinaus bekannt gemacht haben. Nussknacker, Räucher-männchen und Engel – die kleinen Figuren beziehen sich thematisch immer mehr oder weniger auf den Bergbau. Man findet sie an den Verkaufsständen der nostalgischen Weih-nachtsmärkte mit ihren meterhohen Großpyramiden oder im »Spielzeugdorf« Seiffen, dem Zentrum der erzgebirgischen Holzkunst.

Rund um den höchsten Berg auf der deutschen Seite des Mit-telgebirges, den Fichtelberg, hat man ganz andere Gedanken. Hier, in der Heimat der Skisprunglegende Jens Weißflog, be-schäftigt man sich viel mehr mit allen Arten von Wintersport. Etliche Skilifte und kilometerlange, gespurte Loipen bieten Schneefans ausgezeichnete Bedingungen. Und im Sommer, wenn es im Erzgebirge ein wenig ruhiger zugeht und die Museen nicht so überfüllt sind, laden ausgeschilderte Wan-der- und Fahrradwege zu grenzüberschreitenden Touren nach Tschechien ein. Historische Schmalspurbahnen bummeln durch die Täler und vielleicht kommt man ja auch mal in ein längeres Gespräch mit den als kreativ, kontaktfreudig und aufgeschlos-sen geltenden Erzgebirglern.

Glück auf!

Neuhausen im oberen Flöhatal (Osterzgebirge)

Daten zur Geschichte

Um 1000 Das Erzgebirge ist so gut wie gar nicht besiedelt und von einem undurchdringlichen Urwald mit dem Namen *Miriquidi* (»dunkler Wald«) bedeckt, der sich über große Teile Sachsens und vor allem über seine südlichen Grenzregionen erstreckt.

Mitte des 12. Jh. Im Zuge des hochmittelalterlichen Landausbaus siedeln sich Bauern vor allem aus dem damals schon dicht besiedelten Main-Franken-Gebiet an. Schon bald werden kleinere Vorkommen von Zinn, Eisen und Kupfer entdeckt.

1168 Reiche Funde von Silbererz in der Nähe von Christiansdorf, dem späteren Freiberg, führen zum *Ersten Berggeschrey:* Markgraf von Meißen, auch als Otto der Reiche bekannt,

Otto der Reiche, Markgraf von Meißen (links im Hintergrund; Ausschnitt aus dem Fürstenzug in Dresden)

lockt neue Siedler mit dem Versprechen an, dass sie keine Abgaben an die Feudalherren zahlen müssen. Von der direkten Steuer in Form des Bergzehnten werden sie allerdings nicht befreit. Vor allem aus dem Harz kommen zahlreiche Bergleute, Händler, Köhler und Vagabunden in dieses noch unwirtliche Gebiet. Die Stadt Freiberg entwickelt sich schnell zum wirtschaftlichen Zentrum und zur bevölkerungsreichsten Stadt der Region.

1470 Die Suche nach Erz dehnt sich im Verlauf der Jahrhunderte bis in die Kammlagen des Erzgebirges aus. Im Jahr 1470 werden schließlich reiche Silbererzvorkommen im Raum Schneeberg und 1491/92 am Schreckenberg im heutigen Annaberg-Buchholz entdeckt. Die Kunde davon sorgt für das *Große Berggeschrey.* Die Besiedlung dehnt sich nun auf das gesamte Erzgebirge aus, die Bergstädte Annaberg, Buchholz, Jáchymov

Adam Ries (1492–1559), der »Vater des modernen Rechnens«

(Sankt Joachimsthal), Marienberg und Schneeberg entstehen.

1492 Der »Vater des modernen Rechnens«, Adam Ries, wird in Staffelstein geboren und verlebt den größten Teil seines Lebens in Annaberg, wo er auch sein Hauptwerk, das 1522 entstandene Lehrbuch »Rechenung auff der linihen und federn in zal / maß und gewicht«, in nicht wie üblich lateinischer, sondern in deutscher Sprache verfasst.

Holzschnitt zum Silberbergbau im Erzgebirge um 1500

1494 Georg Agricola erblickt in Glauchau das Licht der Welt. Der herausragende Renaissance-Gelehrte, der sowohl als Pädagoge, Mediziner und Bürgermeister von Chemnitz tätig ist, verfasst die erste systematische Untersuchung des Bergbau- und Hüttenwesens. »De re metallica libri XII« erscheint erst ein Jahr nach seinem Tod und gilt bis in das 18. Jh. hinein als das bedeutendste Handbuch zu diesem Thema.

Um 1500 Der Erzabbau führt nicht nur dazu, dass das Erzgebirge nun relativ dicht besiedelt, sondern Sachsen auch eins der reichsten Länder Europas ist. In den Bergstädten verarbeitet man das Silber direkt vor Ort zu Geld, so beispielsweise auch die berühmten »Joachims-Thaler«, die in Joachimsthal geprägt werden.

1520 Herzog Georg der Bärtige ruft das Fest »Annaberger Kät« ins Leben. Heute ist es das wohl bekannteste und größte erzgebirgische Volksfest.

1514 Die 1514 in Elterlein bei Annaberg geborene Barbara Uthmann geht als außergewöhnlich erfolgreiche Unternehmerin in die Geschichte des Erzgebirges ein. Nach dem Tod ihres Mannes, des Bergwerksbesitzers Christoph Uthmann, übernimmt sie nicht nur die Leitung seiner Bergwerke, sondern beschäftigt bis zu 900 Mitarbeiterinnen, die in Heimarbeit gewirkte Borten herstellen. Dass sie das Klöppeln eingeführt oder gar erfunden haben soll, wie manchmal behauptet wird, stimmt allerdings nicht.

1624–26 Unter Kaiser Ferdinand II. beginnt in Böhmen eine großangelegte Rekatholisierung, aufgrund der eine Vielzahl der böhmischen Protestanten in das benachbarte Kurfürstentum Sachsen flüchten müssen. Zahlreiche böhmische Dörfer werden in der Folge verwüstet oder verfallen im Laufe der Zeit, während auf sächsischer Seite neue

Ausbeute der Joachimsthaler Gruben: der Joachims-Thaler

Orte wie die Bergstadt Johanngeorgenstadt gegründet werden.

1618–48 Der Dreißigjährige Krieg hinterlässt auch im Erzgebirge ein Bild der Verwüstung. Der Bergbau kommt vorübergehend zum Erliegen. Viele Bergleute, vor allem im Osterzgebirge, müssen sich neue Erwerbszweige suchen und nutzen ihre handwerklichen Talente, um Holzwaren für den täglichen Gebrauch oder Spielzeug herzustellen.

1699 Die Seiffener Spielzeugmacher präsentieren ihre Produkte zum ersten Mal auf der Leipziger Messe.

1756–63 Während des Siebenjährigen Krieges vermindert sich der Abbau von Erz in ganz Sachsen auf ungefähr ein Drittel.

1765 Um die Reparationszahlungen leisten zu können, muss Sachsen den Bergbau forcieren. Die Bergakademie Freiberg wird auf Geheiß von Prinz Xaver von Sachsen und nach den Plänen von Friedrich Wilhelm von Oppel und Friedrich Anton von Heynitz errichtet und unter dem Namen »Kurfürstlich-Sächsische Bergakademie zu Freiberg« als Ausbildungsstätte für angehende Bergleute eröffnet.

1769 Am 24. Dezember sterben bei einem Grubenunglück im »Reicher Silbertrost Stolln« am Greifenbach bei Ehrenfriedersdorf sechs Bergleute aufgrund von Gasentwicklung nach Feuersetzen. Dieses Ereignis gilt als der Beginn der Bergmettenschicht, der letzten Schicht vor dem 24. Dezember, die seitdem von Bergleuten in Gedenken an die verstorbenen Arbeiter veranstaltet wird.

1785 Christian Gottlob Wild wird am 25. Dezember in Johanngeorgenstadt geboren. Er arbeitet als evangelisch-lutherischer Pfarrer und gilt als Begründer der Mundartdichtung des Erzgebirges.

1842 Am 18. Februar kommt in Hohenstein-Ernstthal Karl May zur Welt. Im Verlauf seiner Tätigkeit als Schriftsteller erlangt er mit seinen Abenteuergeschichten schon zu Lebzeiten internationale Berühmtheit.

1871 Weil im Deutschen Reich die Goldwährung eingeführt wird, verliert Silber schnell und dramatisch an Wert. Dies führt zur Unrentabilität des gesamten erzgebirgischen Silberbergbaus.

Ausstellung der Seiffener Spielzeuggeschichte im Erzgebirgischen Spielzeugmuseum Seiffen

Das Pochwerk diente dem Zerkleinern der Erze (Postkarte aus Freiberg von 1926)

An dieser Situation können auch kurzzeitige reiche Funde in einzelnen Gruben oder staatliche Aufkäufe nichts mehr ändern. 1913 werden die letzten Silberbergwerke stillgelegt.

1922 In den Zschopauer Motorenwerken (damals Zschopauer Motorenwerke J.S. Rassmussen AG) wird begonnen, das sogenannte Reichsfahrtmodell serienmäßig zu produzieren, was das Unternehmen zum weltweit größten Motorradhersteller macht. Das Gefährt, das noch große Ähnlichkeit mit einem Hilfsmotorfahrrad hat, wurde von Hugo Ruppe entwickelt und gilt als erstes Zweitaktmotorrad der Welt.

1946 Unter strengster Geheimhaltung beginnt die SAG Wismut (ab 1954 SDAG Wismut) mit dem Abbau von Uran im Gebiet von Annaberg, Aue, Schneeberg und Johanngeorgenstadt für das sowjetische Atomprogramm.

1949 Im Zuge der Gründung der DDR am 7. Oktober 1949 werden die ehemaligen Länder aufgelöst und das Erzgebirge dem Bezirk Chemnitz, ab 1953 Karl-Marx-Stadt, zugeteilt.

1990 Nach der Wiedervereinigung kommt es zur Gründung des Freistaates Sachsen, zu dem auch das Erzgebirge gehört. Der Naturpark Erzgebirge/Vogtland wird gegründet.

1991 Am 1. März wird auf Schacht 371 der SDAG Wismut in Bad Schlema, am 28. März auch bei der Zinnerz Altenberg GmbH, der letzte Hunt gefördert. Damit kommt der Bergbau im Erzgebirge – vorerst – vollständig zum Erliegen.

1998 Die Bemühungen, das Erzgebirge zum UNESCO-Weltkulturerbe zu machen, tragen erste Früchte: Die »Montanregion Erzgebirge« wird auf die Tentativliste der UNESCO gesetzt.

2002 Mitte August verwüstet ein Elbhochwasser große Teile Sachsens – das mittlere und östliche Erzgebirge ist besonders stark betroffen. Am 12./13. August wird in Zinnwald mit einem 24-Stunden-Wert von 312 Millimeter der höchste Tageswert seit Beginn der routinemäßigen Messungen in Deutschland verzeichnet.

2012 Ab Mitte 2012 soll das am 28. Oktober 2010 eröffnete Bergwerk in Niederschlag bei Bärenstein jährlich zwischen 50 000 und 130 000 Tonnen Flussspat fördern. Es ist das erste Bergwerk, das seit der politischen Wende 1989/90 neu eröffnet wurde. ■

Ein Rundgang durch die Silberstadt

Vormittag
Rathaus – Nikolaikirche – Freiberger Stadttheater – Untermarkt – Dom St. Marien – Stadt- und Bergbaumuseum – Oberbergamt – Wohnhaus des Orgelbaumeisters Gottfried Silbermann – Schloss Freudenstein – »terra mineralia« – TU Bergakademie Freiberg – Erker – Obermarkt – Löwenbrunnen – Rathaus – Ratskeller – Petrikirche – Fortunabrunnen – Alnpeckhaus – Obermarkt 1 – Kesselgasse/Donatsgasse – Donatsturm.

Mittag
Mittagspause in der Stadtwirtschaft Freiberg (vgl. S. 22 f.).

Nachmittag
Schacht »Reiche Zeche« – Schacht »Alte Elisabeth«.

Wer nach Freiberg kommt, kehrt zu den Wurzeln des Bergbaus zurück, denn in diesem hübschen Städtchen im Herzen Sachsens begann alles. In Freiberg wurden die ersten Silbererzvorkommen größeren Ausmaßes gefunden und abgebaut. Freiberg, die »Mutter aller Bergstädte« feiert 2012 ihr 850-jähriges Bestehen. Eine offizielle Gründungsurkunde existiert nicht, dafür belegt die Stiftungsurkunde des Klosters Altzella, dass Markgraf Otto von Meißen, genannt Otto der Reiche, zwischen 1156 und 1162 den Auftrag erteilte, dieses 800 Hufen umfassende Gebiet zu roden, um mit der Anlegung von Dörfern zu beginnen.

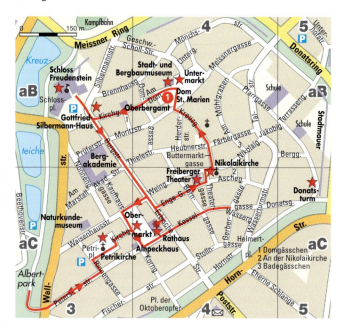

Freiberg, Stadt des Silberbergbaus

Dass die Entwicklung der Region dann schneller voranging als geplant, ist einem Zufall zu verdanken. Im Jahr 1168 begab es sich einer mündlichen Überlieferung zufolge nämlich, dass Fuhrleute, die gerade aus dem Bergrevier des Harzes kamen und in Richtung Prag unterwegs waren, mit ihrem schwer beladenen Wagen tiefe Spuren bildeten und in eben diesen Rillen Silbererz entdeckten. In der Nähe des Waldhufendorfs Christiansdorf soll das gewesen sein, um das sich in der Folge die Stadt Freiberg bildete.

Innerhalb von nur gut einem Jahrzehnt entstanden rund um die alte Jakobikirche, die sich an der heutigen Kreuzung der Talstraße mit der Pfarrstraße erhob, eine Bergleutesiedlung, um die Nikolaikirche eine Handwerker- und Kaufleutesiedlung und zwischen der Burg Freudenstein und dem Dom St. Marien das städtische Burglehn. Schon bald war die Entwicklung so weit fortgeschritten, dass man die heutige Oberstadt rund um die Petrikirche nach dem Gitternetzschema anlegte, in der sich vor allem wohlhabende Bürger ansiedelten. Anfang des 13. Jahrhunderts war Freiberg die mit Abstand größte Stadt in der Mark Meißen. Heute zählt sie gut 41 000 Einwohner und ist die siebtgrößte Stadt Sachsens. Die Bergbautradition fand 1969 mit der Schließung des letzten Bergwerkes ein jähes Ende.

Die Ursprünge und die Entwicklung des Bergbaus vom Mittelalter bis in das 20. Jahrhundert lassen sich in Freiberg hervorragend nachvollziehen. Nicht nur die mittelalterliche Innenstadt mit über 500 Denkmälern, die noch von Teilen der historischen Stadtmauer umsäumt wird, erzählt die Geschichte der Stadt, sondern auch die faszinierende Ausstellung »terra mineralia« im Schloss Freudenstein mit ihren 3500 Ausstellungsstücken oder das perfekt restaurierte Besucherbergwerk, in dem auch die Studenten der Bergakademie ihre fachspezifische Ausbildung erhalten.

Kurze Geschichte des Bergbaus

Über 800 Jahre lang wurden sowohl der Naturraum Erzgebirge, der bis zum Ende des 12. Jahrhunderts von einem undurchdringlichen Urwald namens *Miriquidi* (»dunkler Wald«) bedeckt war, als auch die Menschen, die in der Region lebten, nachhaltig vom Bergbau geprägt. Während

Schlägel und Eisen als Symbol des Bergbaus

der Wald großflächig gerodet wurde und heute manche Berge mit ihren kilometerlangen Stollensystemen eher einem Schweizer Käse ähneln, bildete sich aus den unterschiedlichen Kulturen, die die zugereisten Bergleute mitbrachten, eine ganz neue, erzgebirgische Identität. Der zufällige Fund eines Klumpen Silbererzes 1168 in Christansdorf, dem heutigen Freiberg, löste das *Erste Berggeschrey* aus, dem im Jahr 1470 nach der Entdeckung von großen Silbervorkommen am Schreckenberg im heutigen Annaberg-Buchholz das *Große Berggeschrey* folgen sollte. Innerhalb kürzester Zeit entwickelte sich die Region von einem menschenleeren Gebirge in eine von Menschenhand gestaltete Landschaft mit zahllosen Gruben, Poch und Hüttenwerken, Aufbereitungsanlagen und Schmelzhütten. Neben Silber wurden unter anderem – zum Teil in beträchtlichen Mengen – Zinn, Kupfer, Eisen, Wismut, Zink, Blei, Uran, Arsen, Schwefel, Kalkstein, Serpentin und Edelsteine gewonnen. Die große Blütezeit des Bergbaus im Erzgebirge begann um 1470 und endete gegen Mitte des 16. Jahrhunderts. Danach zogen die Bergleute aber nicht weiter, sondern blieben in ihren neugegründeten, teilweise mit prächtigen Kirchen und repräsentativen Bürgerhäusern ausgestatteten Städten. Ein letztes *Berggeschrey* gab es in den Jahren zwischen 1946 und 1991, als die SAG bzw. SDAG WISMUT vor allem rund um Schneeberg und Aue Uranerz für die Sowjetunion förderte. Einen Neuanfang versucht nun seit 2010 das Bergwerk in Niederschlag bei Bärenstein, das ab 2012 jährlich zwischen 50 000 und 130 000 Tonnen Flussspat fördern will.

»Terra mineralia« – mineralogische Funde im Erzgebirge: Rubinblende (Proustit) aus Schneeberg, Helvin aus Breitenbrunn und Flussspat (Fluorit) aus Freiberg (v. l. n. r.)

Von der Burgstraße zum Untermarkt

Die meisten Sehenswürdigkeiten Freibergs befinden sich in der Altstadt, die innerhalb des Rings zwischen Meißner Ring und dem Donatsring sowie Hornstraße, Schillerstraße und Wallstraße liegt. Als Startpunkt für einen Rundgang empfiehlt sich die Tourist-Information auf der Rückseite des Rathauses, wo man sich noch mit einem großformatigen Stadtplan eindecken kann. Am Eckhaus an der Engen Gasse erblickt man eine Kopie der heiligen Anna Selbdritt mit ihrer Tochter Maria und dem Jesusknaben aus dem Jahr 1515. Das Original ist im Stadt- und Bergbaumuseum im ehemaligen Domherrenhof ausgestellt.

Am Ende der Engen Gasse ragen die beiden Türme der zwischen 1185 und 1190 erbauten **Nikolaikirche** ➡ aB/aC4 in die Höhe, der zweitältesten Kirche Freibergs. Mehrfach wurde sie bei Bränden fast vollständig zerstört, nur die Türme zeugen noch von ihrer ursprünglich romanischen Substanz. Ab 1750 erfolgte der barocke Umbau unter der Leitung von Johann Gottlieb Ohndorf und Johann Christoph Knöffel und im Zuge dessen erhielt die Kirche mit den Hochaltar von Johann Gottfried Stecher mit dem Altarbild von Christian Wilhelm Ernst Dietrich. Heute dient das in den 1990er-Jahren gründlich restaurierte Gebäude vor allem als Veranstaltungsort für Konzerte, Tagungen und Ausstellungen.

Auf der anderen Seite erhebt sich die Fassade des ältesten Stadttheaters der Welt, des **Freiberger Theaters** ➡ aC4. Die Freiberger nennen ihr Theater aufgrund der Innenarchitektur auch gerne mal »kleine Semperoper«, in Anspielung auf das Meisterwerk von Gottfried Semper in der nahegelegenen Elbmetropole Dresden. Die Geschichte des Theaters beginnt mit dem Umbau eines Bürgerhauses in ein Theater um das Jahr 1790. Im Laufe der Jahre wurden dem Theater immer mehr Häuser angegliedert. Heute nimmt

Die Schutzpatronin der Bergleute: die heilige Anna mit Maria und dem Jesuskind an der Engen Gasse in Freiberg

der Bau mitsamt Studiobühne, Werkstätten und Proberäumen den ganzen Häuserblock zwischen Wein-, Born-, Buttermarkt und Enger Gasse ein.

Über die Buttermarktgasse und Kreuzgasse gelangt man schnell zum **Untermarkt** ➡ aB4, der mit 391 Metern über Normalnull etwa 10 Meter tiefer liegt als der Obermarkt und aus eben diesem Grund seinen Namen erhielt. Inmitten der historischen Bebauung laden zahlreiche Straßencafés zum Verbleiben ein. Dominiert wird der Platz vom ❶ **Dom St. Marien** ➡ aB4, dessen Chor regelrecht in den Untermarkt hineinragt. An seiner Stelle wurde im Jahr 1180 die Basilika Unserer Lieben Frauen errichtet, die aber während eines großen Stadtbrandes 1484 fast vollständig zerstört wurde. Einzig die Goldene Pforte,

Große Silbermannorgel im Freiberger Dom St. Marien

die Triumphkreuzgruppe und Teile des Chores blieben erhalten. Sie wurden in den als spätgotische Hallenkirche konzipierten Neubau integriert. Die **Goldene Pforte**, ein spätromanisches Sandsteinportal aus dem Jahr 1230, ist das erste vollständige deutsche Statuenportal. Kopien gibt es auch in Boston und im Puschkin-Museum in Moskau. Zum Schutz vor Verwitterung wurde 1902 ein Jugendstilvorbau errichtet. Im Innern des Doms beeindruckt vor allem die zwischen 1710 und 1714 erbaute Silbermann-Orgel, von deren imposantem Klang man sich im Rahmen einer Domführung überzeugen lassen kann. Ungewöhnlich ist die Existenz zweier nebeneinander stehender Kanzeln im Mittelschiff. Sehr eindrucksvoll ist hier die freistehende Tulpenkanzel aus dem Jahr 1505. Das spätgotische Meisterwerk aus Tuffstein schwingt sich wie ein Blütenkelch in die Höhe. Im Chor sind überdies neun sächsische Fürsten und ihre Verwandten bestattet. Bemerkenswert sind aber auch die 34 musizierenden Engel am Übergang zwischen Wandgestaltung und Decke. Bei den Instrumenten, die sie in den Händen halten, handelt es sich teilweise um echte Renaissance-Instrumente.

Direkt neben dem Dom lädt im ehemaligen Domherrenhof das **Stadt- und Bergbaumuseum** ➜ aB4 zu einem Besuch ein. Es wurde zeitgleich mit dem Dom errichtet und diente anfangs als Wohnstätte des Domklerus, bevor das Gebäude 1537 im Zuge der Reformation als Lateinschule genutzt wurde. Im Jahr 1903 zog das 1860 gegründete Stadt- und Bergbaumuseum mit seinen Ausstellungsstücken hier ein. Allein die spätgotischen Innenräume machen einen Besuch des Museums zu

Gottesdienst im Freiberger Mariendom

einem Erlebnis, überdies beherbergt es neben einer bergmännischen Betstube natürlich Ausstellungsstücke, die die besondere Freiberger Bergbau- und Stadtgeschichte eindrucksvoll belegen, so zum Beispiel den ältesten erhaltenen Schwibbogen der Welt, Gemälde von Lucas Cranach d. J., Goldschmiedekunst und die ältesten Bergbauschnitzereien Sachsens.

Vom Untermarkt zum Schloss

Auf der Kirchgasse, die vom Untermarkt zum Schloss Freudenstein führt, passiert man rechter Hand das **Sächsische Oberbergamt** ➡ aB3, das 1542 gegründet wurde und damit als die älteste deutsche Bergbehörde

Freiberger Altstadt mit Blick auf den Dom

Freiberger Untermarkt mit Dom und Stadt- und Bergbaumuseum

gilt. Etwas weiter gelangt man auf dem Schlossplatz zum ehemaligen **Wohnhaus von Gottfried Silbermann** ➡ aB3, einem der bedeutendsten Orgelbaumeister des Barock. Heute hat in diesem Gebäude unter anderem auch die Gottfried-Silbermann-Gesellschaft ihren Sitz, die sich dem Leben und Wirken Gottfried Silbermanns widmet.

Mächtig und prächtig präsentiert sich am Schlossplatz das **Schloss Freudenstein** ➡ aB3. Ursprünglich stand hier einmal eine 1168 zum Schutz des Silberbergbaus errichtete Burg, die zwischen 1566 und 1577 zu einem Renaissanceschloss umgebaut wurde. Später diente das Anwesen nicht nur zum Schutz der Silbervorräte, sondern auch als Getreidespeicher, bevor es im Laufe der Jahre zusehends verfiel. Erst 2008 wurde es vollständig restauriert feierlich wiedereröffnet. Seitdem haben hier zwei Sammlungen ihre Heimat gefunden: das Bergarchiv und eine der größten und schönsten mineralogischen Ausstellungen der Welt, die **»terra mineralia«**, in der mehr als 3500 verschiedene Minerale, Edelsteine und Meteoriten zu sehen sind. Die Sammlung ist eine Dauerleihgabe der Paul-Ströher Mineralienstiftung und gehört zur Technischen Universität Freiberg. Sie besitzt einen sehr hohen Schauwert, da sie vorrangig nach ästhetischen Gesichtspunkten zusammengestellt wurde. Gleichzeitig vermittelt sie aber auch Kenntnisse darüber, wie Minerale unseren Alltag bestimmen und im Laufe der Zeit die Kultur und Technik verändert haben.

Vom Schloss zum Donatsturm

Auf der Burgstraße, die ab der Akademiestraße zur Fußgängerzone wird, lohnt ein Abstecher zur **TU Bergakademie Freiberg** ➡ aB/aC3, deren Hauptgebäude sich im ehemaligen Wohnhaus des einstigen Bürgermeisters Schönlebe befindet. Mittlerweile gehören natürlich auch die Nachbargebäude, vor allem diejenigen, die sich in der Nonnengasse und Prüferstraße befinden, zum zentralen Campus. Der Weg entlang der Burgstraße führt an der Ecke zum Obermarkt zu einem der schönsten Erker der Stadt. Er gehört zu einem repräsentativen Bürgerhaus aus der Spätrenaissance, das vermutlich 1616 errichtet wurde.

Schloss Freudenstein diente einst zum Schutz der Silbervorräte

Stadtgründer Otto der Reiche begleitet von vier Löwen auf dem Obermarkt in Freiberg

Von hier aus sind es nur noch ein paar Schritte zum **Obermarkt** ➡ aC3/4, in dessen Mitte unübersehbar der Stadtgründer Otto der Reiche auf dem 1897 eingeweihten **Löwenbrunnen** thront. Der ehemalige Markgraf von Meißen muss hin und wieder hinnehmen, dass in seinem Brunnen Studenten nach ihrer Exmatrikulation ein kurzes Bad nehmen – so will es ein alter Brauch. Der Obermarkt wurde zwischen 1210 und 1217 angelegt und trägt, wie auch der Untermarkt, bis heute seinen ursprünglichen Namen.

Dominiert wird er von dem ab 1410 errichteten **Rathaus** ➡ aC4, das neben einer nach allen vier Seiten zeigenden Turmuhr und der Lorenzokapelle im ersten Geschoss auch ein aus Meissener Porzellan gefertigtes Glockenspiel beherbergt, welches täglich um 11.15 und 16.15 Uhr das Steigerlied »Glück auf, Glück auf, der Steiger kommt« zum Besten gibt. Am Erker des Rathauses ist ein Gaffkopf zu sehen, der den Prinzenräuber Kunz von Kaufungen darstellen soll. Ritter Kunz von Kaufungen hatte es nämlich gewagt, in der Nacht vom 7. zum 8. Juni 1455 die 11- und 14-jährigen Prinzen, die Söhne Friedrich des Sanftmütigen, zu entführen. Er wollte den Kurfürsten damit zwingen,

Freiberger Rathauserker mit dem Gaffkopf des Prinzenräubers Kunz von Kaufungen

ihm angeblich zustehende und verloren gegangene Ländereien zurückzugeben. Die Entführung scheiterte und nur fünf Tage später wurde Kunz von Kaufungen für schuldig befunden und am Tag darauf enthauptet. Der bläulich gefärbte Pflasterstein aus Basalt, auf den sein Kopf gerollt sein soll, ist angeblich noch von seinem Blut getränkt – genau auf diesen Stein sollen die Augen des Gaffkopfs gerichtet sein.

Eine lange Geschichte kann auch der **Ratskeller** (Obermarkt 16) ➡ aC4 aufweisen. 1545/46 als städtisches Kaufhaus errichtet, diente ein Teil des Gebäudes ab 1687 auch als Festsaal, der zu einem Barocksaal ausgestaltet wurde und in dem hin und wieder auch berühmte Künstler auftraten, wie 1727 die Schauspielerin Caroline Friederike Neuber (die »Neuberin«) oder 1834 und 1836 die Pianistin Clara Schumann. Besondere Aufmerksamkeit verdient hier vor allem das Portal mit Darstellungen aus dem Arbeitsalltag der Bergleute.

Über das Kirchgässchen gelangt man zum Petriplatz mit der **Petrikirche** ➡ aC3. Sie steht am höchsten Punkt der Innenstadt und bestimmt mit ihren drei Türmen das Stadtbild. Während der noch erhaltene der ehemals zwei runden Türme Hahnenturm genannt wird, trägt der kleinere der beiden eckigen Türme den wenig schmeichelhaften Namen Fauler Turm. Er beherbergt die 1484 gegossene und knapp vier Tonnen schwere Oswald-Hilliger-Glocke sowie eine kleinere, 1570 erschaffene Glocke. Eine Besteigung des Nachbarturms – mit 72 Metern der höchste Turm Freibergs – ist trotz der 230 Stufen, die zur Aussichtsplattform führen, ein ganz besonderes Erlebnis. Während im Chorraum anhand von Überresten noch gut erkennbar ist, dass die Kirche 1190 ursprünglich als romanische Basilika erbaut wurde, präsentieren sich der Orgelprospekt und die Kanzel in den Formen des Hochbarock. Zu dieser Zeit, im Jahr 1735, wurde auch die wohlklingende Orgel von Gottfried Silbermann mit ihren 35 Registern eingebaut. Sie ist die größte zweimanualige Orgel des berühmten Baumeisters und wird mit einer Balganlage betrieben.

Nächstes Erkundungsobjekt ist der **Fortunabrunnen** ➡ aC3, der bedeutende Persönlichkeiten der Stadtgeschichte darstellt. Er ist ein Werk des in Freiberg geborenen Bildhauers Bernd Göbel. Der Fortunabrunnen steht in der Petersstraße, die wie die Burgstraße, die Weingasse und die Heubnerstraße zur Fußgängerzone umfunktioniert wurde. Wer hier eine kurze Auszeit nehmen möchte, dem sei ein Spaziergang zum nahe gelegenen **Albertpark** ➡ aC/aD3 am Ende der Petersstraße nahegelegt.

Ansonsten geht es zurück in Richtung Obermarkt, auf dem, gegenüber dem traditionsreichen Café Hartmann, das **Alnpeckhaus** ➡ aC4 zur genaueren Betrachtung einlädt. In diesem Gebäude befand sich nämlich bis 1556 die letzte Freiberger Münze. Des Weiteren verdient auch das **Haus Obermarkt 1** ➡ aC4 mit seinem opulent geschmückten Portal Aufmerksamkeit. Spätestens an dieser Stelle kann man den Rundgang ausklingen lassen oder zumindest eine Pause einlegen.

Um dann zum Geburtsort Freibergs zu gelangen, muss man auf der **Kessel- und Donatsgasse** ➡ aC4/5 weiter gehen. Hier soll das erste Silber gefunden worden sein, dessen Fund zum Ersten Berggeschrey führte, und hier entstand in der Folge der Kern der zukünftigen Stadt Freiberg, das heutige Jakobiviertel. Am Ende der Donatsgasse gelangt man zum 35 Meter hohen **Donatsturm** ➡ aC5, durch dessen Tor einst die Bergleute zu den Bergwerken gingen. Der Turm ist Teil der partiell noch erhaltenen, fünf Meter hohen Stadtmauer. Von hier aus kann man noch einen Rundgang entlang der parkähnlichen Wallanlagen unternehmen und diesen an den Kreuzteichen oder im hundertjährigen Albertpark ausklingen lassen.

Ehemals gehörte er zur Stadtmauer: der Donatsturm (Freiberg)

Besucherbergwerk

Der Bergbau ist so eng mit der Geschichte der Stadt verbunden, dass eine Besichtigung des Besucherbergwerks unbedingt empfehlenswert ist, will man die Stadt und die Region besser verstehen. In den vergangenen 800 Jahren wurden allein im Freiberger Revier über 8000 Tonnen Silber gefördert. Das Streckennetz des Freiberger Zentralreviers umfasst geschätzte 2000 Kilometer – damit ist es eines der größten

Unter Tage im Besucherbergwerk Freiberg

Silberbaugebiete Europas. Und mit 1000 Erzgängen ist das Revier ohnehin das größte in Sachsen. Das letzte Bergwerk wurde 1913 aus Rentabilitätsgründen in Freiberg geschlossen. Doch schon 1919 übernahm die Bergakademie einen Teil als Lehrbergwerk, nämlich die Schächte »Reiche Zeche« und »Alte Elisabeth«, die beide zur Himmelfahrt-Fundgrube gehören. Bis heute erfahren hier Studenten in der Praxis, was sie bis dahin nur in der Theorie gelernt haben.

Führungen im **Schacht »Reiche Zeche«** ➡ aA7 gehen bis zu einer Tiefe von 230 Metern. Anhand der Ausstellungsstücke wie zum Beispiel bergmännisches Arbeitsgerät oder von Hand geschlägelte Auffahrungen erfährt der Besucher entlang der 14 Kilometer langen Wege eindrucksvoll, wie das harte Leben der Bergleute unter Tage wohl ausgesehen haben muss. Darüber hinaus sind alte Schächte und Abbaue, Tropfsteine und Sinter zu entdecken. Verschiedenste Führungen, die von einem einstündigen Bergwerkslehrpfad bis zu einer körperlich sehr anstrengenden, fünfstündigen Spezialführung reichen, werden von den Veranstaltern des Besucherbergwerks angeboten. Der Lehrpfad ist auch für Rollstuhlfahrer passierbar und für Kinder ab sechs Jahren zugänglich. Alle anderen Führungen sind für Kinder ab zwölf Jahren und nicht für Behinderte geeignet, unter anderem deshalb, weil sie durch das freie Grubenfeld führen.

Alles, was im Freiberger Revier über Tage stattfand, kann man im etwa ein Kilometer vom Stadtzentrum entfernten **Schacht »Alte Elisabeth«** ➡ aB6 entdecken. Natürlich wird hier eine Führung durch den Kunst- und Treibeschacht mit seinen zwei Fördertürmen und einem Fahrtenturm, in dem die Bergleute ein- und ausfuhren, angeboten. Überdies gibt es unter anderem die zweitälteste, noch funktionierende Balancierdampfmaschine des Reviers von 1848, eine Scheidebank, eine Betstube mit Orgel, eine Zimmermannswerkstatt und eine Bergschmiede zu sehen. Zu beachten ist aber unbedingt, dass die Führungen nicht täglich stattfinden.

Bergstadtfest vor dem Mariendom in Freiberg

Gewändefiguren der Goldenen Pforte des Freiberger Doms

Service-Informationen zu Freiberg

ℹ Tourist-Information ➡ aC4
Burgstr. 1
09599 Freiberg
✆ (037 31) 419 51 90
Fax (037 31) 419 51 99
www.freiberg-service.de
April–Dez. Mo–Fr 9–18, Sa 9–12,
Jan.–März Mo–Fr 9–17, Sa 9–12
Uhr

🏛 Stadt- und Bergbaumuseum
➡ aB4
Am Dom 1
✆ (037 31) 202 50
www.museum-freiberg.de
Tägl. außer Mo 10–17, Einlass bis
16.30 Uhr
Eintritt € 3/1,50

🏛 »terra mineralia« ➡ aB3
Schlossplatz 4, im Schloss Freudenstein
✆ (037 31) 39 46 54
www.terra-mineralia.de
Mo–Fr 9–17, Sa/So 9–18 Uhr
Eintritt € 7/4

⚫ Nikolaikirche ➡ aB/aC4
Buttermarktgasse
✆ (037 31) 419 51 90 (Stadtmarketing Freiberg GmbH)
www.freiberg-service.de
Mi–So 11–17 Uhr
Regelmäßig finden hier sowohl
Konzerte unterschiedlicher Musik-
richtungen als auch Ausstellungen verschiedenster Art statt. Das
Programm kann unter anderem
auf oben genannter Webseite
eingesehen werden.

⚫ ① Dom St. Marien ➡ aB4
Untermarkt 1
✆ (037 31) 30 03 40
www.freiberger-dom.de
Nov.–April Mo–Sa 11–12.30 und
13.30–16, So 11.30–12.45 und
13.45–17, Mai–Okt. Mo–Sa 10–
12.30 und 13.30–17, So 11.30–
12.45 und 13.45–16 Uhr
Die Besichtigung in der Mittagspause ist auch dann möglich,
wenn die Eintrittskarten bis 12.30
Uhr im Domladen erworben werden (außer Do)
Führungen: Nov.–April Mo–Sa 11,
14 und 15, So gegen 11.30 (nach
dem Gottesdienst), 14 und 15,
Mai–Okt. Mo–Sa 10, 11, 14, 15
und 16, So gegen 11.30 (nach dem
Gottesdienst), 14, 15 und 16 Uhr
Eintritt inkl. Führung € 3/2,50
ohne Orgelspiel, € 4/3 mit Orgelspiel

Besucherbergwerk »Reiche Zeche« in Freiberg

◉ Wohnhaus des Orgelbau-meisters Gottfried Silbermann
➡ aB3
Schlossplatz 6
℡ (037 31) 222 48 (Gottfried-Silbermann-Gesellschaft)
www.silbermann.org
Die Gottfried-Silbermann-Gesellschaft veranstaltet alljährlich im September die Silbermanntage und den Internationalen Gottfried-Silbermann-Orgelwettbewerb.

◉ Petrikirche ➡ aC3
Petriplatz 1
℡ (037 31) 341 88
www.petri-nikolai-freiberg.de
Sommerzeit Mo–Fr 11–17, Sa 11–13, Winterzeit Mo–Fr 11–16, Sa 11–13 Uhr
Turmbesteigung ab Di nach Ostern: Mo/Di, Do/Fr, So 11–17 zu jeder vollen Stunde sowie (nur während der Sommerzeit) Mi 11 und Sa 14 Uhr
Orgelvorspiel und -besichtigung Mai–Okt. Mi 12–12.30 Uhr

◉ Besucherbergwerk
➡ aA7/aB6
Fuchsmühlenweg 9
℡ (037 31) 39 45 71

www.besucherbergwerk-freiberg.de
Schacht Reiche Zeche: Untertage-lehrpfad Mo–Fr 10, 11, 13, 14, 15, Sa sowie Mai–Okt. jeden 2. und 4. So im Monat stdl. 11–16 Uhr, € 8,50/6; Bergwerksführung (1,5 Std.) Mo–Fr 14, Sa 15 sowie Mai–Okt. jeden 2. und 4. So im Monat 15 Uhr, € 11,50/9; Erlebnisführung (2,5 Std.) Mo–Fr 11, Sa sowie Mai–Okt. jeden 2. und 4. im Monat So 11 und 14 Uhr, € 14,50/12
Schacht Alte Elisabeth: Übertageführung Mai–Okt. Mo–Fr nach Voranmeldung, Sa 10 und 14, So 14.30 Uhr, € 3,50/2,50; kombinierte Untertage- und Übertageführung (1,5 Std.) Mai–Okt. jeden 1., 3. und 5. So im Monat 11 und 14 Uhr, Voranmeldung empfohlen, 12–72 Jahre, € 17,50

⊠ Stadtwirtschaft Freiberg
➡ aC4
Burgstr. 18
℡ (037 31) 69 24 69
www.stadtwirtschaft.de
Tägl. 11–2, Küche bis 23 Uhr, Mittagskarte Mo–Fr
Böhmische Speisen im rustikalen Ambiente, mitten in der Altstadt. In den warmen Jahreszeiten ist

Bergmusikkorps Saxonia Freiberg beim Bergstadtfest auf dem Obermarkt (Freiberg)

der gemütliche Biergarten geöffnet, für Kinder gibt es eine Spielecke, einen Spielplatz und Kinderspeisen. €€

Die Auflösung der €-Preiskategorien finden Sie in der hinteren inneren Umschlagklappe.

✕ Pfeffersack ➔ aB4
Kirchgasse 15 c (im Schönbergschen Hof, direkt am Dom)
✆ (037 31) 45 86 76
www.historische-gastwirtschaft-pfeffersack.de
Di–Sa 12–14.30 und 18–24, So 12–14.30 und 18–22 Uhr
In historischen Räumlichkeiten vom Ende des 17. Jh. kommen eher deftige Speisen auf den Tisch. Alte Rezepte werden originell variiert und verschaffen Gästen neue Geschmackserlebnisse. €€

✕ Schwanenschlößchen ➔ aB3
Meißner Ring 33
✆ (037 31) 21 65 33
www.schwanenschloesschen.de
Tägl. 10–23 Uhr
Idyllisches Lokal mit gut gemachter Hausmannskost und großen Portionen. Die exklusive Lage des 1897 auf dem Kreuzteich erbau-

ten Restaurants ist einzigartig in Freiberg. Mit hauseigenem Spielplatz. €€

☕ Café Central ➔ aB4
Untermarkt 13
✆ (037 31) 20 21 84
www.central-lokal.de
Tägl. ab 9 Uhr
Gemütliches Café für Jung und Alt mit Straßenterrasse auf dem Untermarkt. Hier kann man nicht nur Kaffee und Kuchen bestellen, sondern auch warme Speisen verzehren oder frühstücken.

◐ ♟ Weinstube St. Nikolai ➔ aC4
Kesselgasse 24
✆ (037 31) 24 70 03
Di–Do 17–23, Fr/Sa 11–14 (Mittagstisch) und 17–24, So 11–22 Uhr
Beliebtes Lokal in einem historischen Gebäude von 1534 im ältesten Viertel von Freiberg. Wer gerne mal Wein und Bier aus der Region probieren möchte, ist hier an der richtigen Adresse.

🎭 Theater Freiberg ➔ aC4
Borngasse 1
✆ (037 31) 358 20
www.mittelsaechsisches-theater.de

🏰 Bergstadtfest ➡ aB3
Schlossplatz 6
✆ (037 31) 41 95 10
www.bergstadtfest.de
Jährlich Ende Juni
Es ist das größte Volksfest Mittelsachsens und findet immer Ende Juni statt. Auf mehreren Bühnen sorgen die jeweiligen Darsteller und Musiker für ausgelassene Stimmung. Höhepunkte sind eine große Party auf dem Obermarkt und die Wahl der Bergstadtkönigin.

◉🏰🎪 Christmarkt ➡ aC3/4
Jährlich erstes Adventswochenende bis 22. Dez., Mo–Do 10–20, Fr/Sa 10–22, So 10.30–20 Uhr
Einer der schönsten Weihnachtsmärkte des Erzgebirges ist ohne Frage der Freiberger Christmarkt auf dem Obermarkt. Ein Höhepunkt ist der Aufzug der Historischen Freiberger Berg- und Hüttenknappschaft am Sonnabend vor dem 2. Advent.

🎪 Wochenmarkt ➡ aC3/4
Obermarkt
✆ (037 31) 419 51 40
www.freiberg-service.de
Wöchentlich donnerstags
Jeden Donnerstag findet auf dem Obermarkt ein großer Wochenmarkt statt, auf dem man nicht nur Obst und Gemüse kaufen kann, sondern auch Keramik und diverse Sammlerstücke. Außerdem findet immer dienstags und freitags ein Grünmarkt statt (ebenfalls auf dem Obermarkt). ▪

Hausmannskost in exklusiver Lage: das Schwanenschlößchen

Reiseregionen, Orte und Sehenswürdigkeiten

Chemnitz

Chemnitz ➡ B6/7
Die größte der drei Städte im Erzgebirgsvorland ist mit rund 243 000 Einwohnern unangefochten Chemnitz, das »sächsische Manchester«, wie es wegen seiner zahlreichen Industrieschornsteine im 19. Jahrhundert gerne genannt wurde. Trotz großer Zerstörungen während des Zweiten Weltkrieges hat Chemnitz einiges zu bieten. Es präsentiert sich heute als »Stadt der Moderne« und wirbt mit gläsernen Neubauten in der Innenstadt, um seine Geschichte als graue Industriestadt vergessen zu lassen.

Der in den **Neumarkt** ➡ cB2 übergehende **Markt** ist sicherlich ein guter Ausgangspunkt für einen Stadtrundgang. Hier steht seit 1496 das **Alte Rathaus** mit dem **Hohen Turm** und seinem 1559 gebauten Renaissance-Portal. Täglich um 11, 16 und 19 Uhr erklingt ein im Portal installiertes, figürliches Glockenspiel. Im Rahmen von Rathausführungen, die in der Regel vom im traditionellen Gewand gekleidetem Chemnitzer Türmer durchgeführt werden, bietet sich ein wunderbarer Blick über die Altstadt. Gleich daneben schließt sich das **Neue Rathaus** an, welches zu Beginn des 20. Jahrhunderts nach einem Entwurf des Stadtbaurates Richard Möbius errichtet wurde. Die beiden zusammenhängenden Rathäuser werden auch als Doppelrathaus bezeichnet. Nicht weit vom Neumarkt erhebt sich mit dem **Roten Turm** ➡ cB2 das älteste Bauwerk und Wahrzeichen der Stadt. Das Unterteil aus Bruchgestein stammt vermutlich aus dem 12. Jahrhundert, später wurde der Turm als Bestandteil der Stadtbefestigung genutzt.

Ein Erinnerungsstück an ganz andere Zeiten ist das passend vor einem Plattenbau stehende

Chemnitzer Karl-Marx-Denkmal vor dem Schriftzug »Proletarier aller Länder vereinigt euch!«

Karl-Marx-Denkmal ➔ cB2 auf der anderen Seite der Brückenstraße, das von vielen Chemnitzern auch oft einfach nur »Nischl« genannt wird. Das 7,10 Meter hohe Bronzedenkmal wurde 1971 vom russischen Bildhauer Lew Kerbel geschaffen und gehört neben dem Roten Turm zu den meistfotografierten Objekten der Stadt. Nur wenige Schritte weiter eröffnet sich einem der **Theaterplatz** ➔ cA2 mit dem neobarocken **Opernhaus**, dem **König-Albert-Museum**, dem 1930 erbauten und 1994 rundum erneuerten **Hotel Chemnitzer Hof** sowie der neogotischen **St. Petrikirche**. Das 1909 errichtete **König-Albert-Museum** ➔ cA2 ist die Heimstätte der **Kunstsammlungen Chemnitz**, die über 60 000 Exponate beherbergen und unter anderem die zweitgrößte Sammlung Karl Schmidt-Rottluffs besitzen. Diese wird allerdings nicht immer, und wenn, dann nicht vollständig gezeigt.

Ein Höhepunkt eines Aufenthalts in Chemnitz ist ganz bestimmt **Schloßchemnitz** ➔ B7 im Westen der Stadt. Hier auf dem Schloßberg wurde die Stadt Chemnitz im 1136 gegründeten Benediktinerkloster St. Marien gegründet. Am idyllischen **Schloßteich** ➔ cA1/2 gelegen, lädt die Schloßkirche heute die Touristen zum Besuch des **Schloßbergmuseums** ➔ B7 ein, das über die Chemnitzer Stadtgeschichte informiert. Der sich hinter der Schloßkirche weitläufig erstreckende **Küchwaldpark** ➔ B7 mit einer Parkeisenbahn eignet sich wunderbar für einen erholsamen Spaziergang. Am Fuße des Schloßbergs dagegen laden im historischen Kneipenviertel urige Gaststuben in historischen Fachwerkhäusern zum Verweilen ein.

ℹ️ **Tourist-Information** ➔ cB2
Markt 1, 09111 Chemnitz

Ausgestellt im Schloßbergmuseum Chemnitz: Altarschrein mit hl. Barbara, hl. Anna Selbdritt und hl. Katharina von Alexandrien (16. Jh.)

☎ (03 71) 69 06 80 oder 194 33
Fax (03 71) 690 68 30
www.chemnitz-tourismus.de
Mo–Fr 9–19, Sa 9–16, So 11–13 Uhr

🏛 **Kunstsammlungen Chemnitz/ König-Albert-Museum** ➔ cA2
Theaterplatz 1, Chemnitz
☎ (03 71) 488 44 24
www.kunstsammlungen-chemnitz. de
Tägl. außer Mo 11–18 Uhr, € 8/5

🏛 **Schloßbergmuseum** ➔ B7
Schloßberg 12, Chemnitz
☎ (03 71) 488 45 20
www.schlossbergmuseum.de
Tägl. außer Mo 11–18 Uhr, € 6/4

🏛 ❷ **Museum Gunzenhauser**
➔ cC1/2
Falkeplatz, Chemnitz
☎ (03 71) 488 70 24
www.kunstsammlungen-chemnitz. de, tägl. außer Mo 11–18 Uhr
Eintritt € 7/4,50
Das Museum Gunzenhauser entstand in der ersten Dekade des neuen Jahrtausends, als der Münchner Galerist Dr. Gunzenhauser seine komplette Samm-

lung mit ungefähr 2500 Werken der Stadt Chemnitz schenkte. In einem umgebauten Gebäude aus den 1930er-Jahren sind nun Werke des 20. Jh. zu sehen, unter anderem 290 Arbeiten von Otto Dix.

Doppelrathaus ➡ cB2
Markt 1, Chemnitz
✆ (03 71) 48 80
www.chemnitz.de
Führungen durch beide Rathäuser und auf den Hohen Turm (Dauer 1 Std.) März–Nov. 10.30 und 15, Dez.–Feb. 10.30 Uhr, Treffpunkt Judith- und Lukretia Portal, € 5/3,50

La Bouchée ➡ cB2
Innere Klosterstr. 9, Chemnitz
✆ (03 71) 694 81 81
www.la-bouchee.de
Mo–Sa 9–24, So 10–24 Uhr
Kleines Bistro-Restaurant mit guter französischer Küche zu vernünftigen Preisen. Hier gibt es sowohl etwas für Fleisch- und Fischliebhaber als auch für Vegetarier. Auch das Frühstück ist empfehlenswert. €€

Janssen ➡ cA2
Schlossstr. 12, Chemnitz
✆ (03 71) 459 09 50
www.janssen-restaurant.de

Mo–Fr 11–24, Sa 10–24, So 10–21 Uhr (Reservierung empfohlen)
Das schicke Restaurant Janssen bietet gehobene internationale Küche und bekocht seine Gäste nach einer monatlich wechselnden Speisekarte. €€

Das Chemnitzer Kabarett ➡ cB2
An der Markthalle 1–3, Chemnitz
✆ (03 71) 67 50 90
www.das-chemnitzer-kabarett.de
Das älteste und bekannteste Kabarett in Chemnitz.

Zwickau und Umgebung

Das in Westsachsen gelegene Zwickau befindet sich in einer Talaue am Eingang zum Westerzgebirge und zum Vogtland. In seinem Umland locken nicht nur sehenswerte Schlösser und Burgen, sondern auch bemerkenswerte Museen und gut erschlossene Wandermöglichkeiten.

Zwickau ➡ C/D4/5
Bekannt ist Zwickau vor allem als Stadt Robert Schumanns und als

Das Alte Rathaus von Chemnitz mit dem Hohen Turm links

Stadt des Automobilbaus. Dabei wird aber oftmals übersehen, dass Zwickau auch die Stadt der Reformation ist. Immerhin war sie nach Wittenberg die zweite Stadt, in der sich die Reformation durchgesetzt hatte. Anfang des 16. Jahrhunderts gehörte Zwickau zu den wirtschaftlich bedeutendsten Städten des Kurfürstentums Sachsen. Soziale und religiöse Spannungen blieben da nicht aus. Darüber hinaus gab es enge Kontakte des humanistisch orientierten Rates zu den Wittenberger Reformatoren, die im fortschrittlichen Zwickau die Chance sahen, ihre Ideen durchsetzen zu können. So predigte Thomas Müntzer von 1520–21 auf Empfehlung Martin Luthers an beiden Stadtkirchen, bis er entlassen wurde, weil sich durch seine Reden die sozialen Spannungen verschärft hatten. Was hier nur kurz skizziert werden kann, wird im Rahmen einer Führung, die von der Zwickauer Tourist Information organisiert wird, im Einzelnen verstehbar gemacht. An dieser Stelle sei auch auf weitere interessante Führungen der Tourist Information hingewiesen.

Erstmals erwähnt wurde die heute etwa knapp 100 000 Einwohner zählende Stadt im Jahr 1118 als ein Gebiet mit dem Namen *territorio Zcwickaw,* der sich vermutlich von der sorbischen Bezeichnung *Świkawa* ableitet. Der Bergbau nahm in der Zwickauer Region 1316 seinen Anfang, als man mit dem Abbau von Kupfer und Silber begann. Nachdem 1470 auf dem Schneeberg im Erzgebirge große Silbererzvorkommen gefunden wurden, etablierte sich Zwickau als Versorgungsbasis für die oft auch aus der Stadt kommenden bergmännischen Unternehmer. Auch das abgebaute Silber wurde hier geschmolzen. 1904 begann der Zwickauer Automobilbau mit

Fassade des Zwickauer Gewandhauses

der Ansiedelung der A. Horch & Cie. Motorenwerke AG. Zu DDR-Zeiten wurde in Zwickau der Trabant gebaut und seit 1991 produziert die VW Sachsen GmbH in Mosel einige ihrer Modelle.

Im Zentrum der Altstadt erhebt sich am Hauptmarkt das nach dem großen Stadtbrand von 1403 errichtete und 1866/67 im neogotischen Stil umgestaltete, dreigeschossige **Rathaus** ➡ bB3. Am 1. Mai 1522 predigte Luther auf Bitten des Rates aus einem der

Ein Sohn Zwickaus: Robert Schumann auf dem Hauptmarkt

Rathausfenster. Gleich daneben hat seit 1883 das Theater Plauen-Zwickau im 1522–25 errichteten, spätgotischen **Gewandhaus** ➡ bB4 seine Räumlichkeiten. Ebenfalls auf dem Hauptmarkt erinnert das 1901 angefertigte **Robert-Schumann-Denkmal** an den großen Komponisten, dessen Geburtshaus nur wenige Schritte von hier entfernt liegt. Das **Robert-Schumann-Haus** ➡ bB3, wie es heute genannt wird, wurde zu einem Museum umfunktioniert, das nicht nur sehr anschaulich das Leben Robert Schumanns dokumentiert, sondern auch die Zeit, in der er gelebt hat. Es ist die größte Schumann-Sammlung weltweit, mit zahlreichen Originalhandschriften und Gemälden. Ein paar Straßen weiter gelangt man zur **Marienkirche** ➡ bB3, die vielen auch als Zwickauer Dom bekannt ist. Das größte Gotteshaus der Stadt wurde ursprünglich 1180 als romanische **Saalkirche** errichtet und zwischen 1453 und 1563 zu einer spätgotischen Hallenkirche umgebaut. 1521 wurde hier Nikolaus Hausmann als erster evangelischer Pfarrer eingesetzt. Auf seine Anregung hin verfasste Luther den »Kleinen Katechismus«. Gleich am Domhof reihen sich die historischen **Priesterhäuser** aneinander, die teilweise auf das 13. Jahrhundert

Musikzimmer von Robert Schumann im Robert-Schumann-Haus (Zwickau)

zurückgehen. Damit gehören sie zu den ältesten Wohnhäusern in Deutschland. Sie wurden vor einigen Jahren saniert und beherbergen nun das **Museum für Stadt- und Kulturgeschichte** ➡ bB3, ein einzigartiges Beispiel spätmittelalterlicher Wohnkultur, das in seiner Dauerausstellung vor allem Gegenstände und Dokumente aus der Reformationszeit präsentiert.

Auch außerhalb, besonders nördlich der Zwickauer Altstadt, gibt es Sehenswertes zu entdecken: So reihen sich rund um die Moritzstraße und den Römerplatz ➡ bA3 wunderschöne Gebäude aus der Gründerzeit und der Jugendstilepoche aneinander. Noch etwas weiter außerhalb befindet sich das neogotische **Johannisbad**, 1869 als Bade- und Therapieeinrichtung erbaut und um die vorletzte Jahrhundertwende um ein Schwimmbad erweitert. Es gehört zu Deutschlands schönsten historischen Bädern und wurde mittlerweile komplett restauriert. Den frühen Jugendstil präsentiert dagegen eindrucksvoll das 1903 errichtete **Konzert- und Ballhaus Neue Welt**, das als größter und schönster Terrassensaal Sachsens gilt. Zwickau sollte man nicht verlassen, ohne das **August-Horch-Museum** ➡ C4 besucht zu haben, das in einer beispielhaften Ausstellung hundert Jahre Zwickauer Automobilgeschichte repräsentiert. Hier werden sowohl die legendären Luxuslimousinen aus der Fabrik von August Horch als auch Trabanten ausgestellt. Auch die Gegenwart wird nicht ausgespart und so sind einige Modelle aus der nur wenige Kilometer entfernten Volkswagen-Fabrik ebenfalls zu sehen.

ℹ️ Tourist Information Zwickau
➡ bB3
Hauptstr. 6, 08056 Zwickau
✆ (03 75) 271 32 44

DDR-Oberklasse-Limousine »Horch P240 Sachsenring« aus den 1950-er Jahren im August-Horch-Museum (Zwickau)

Fax (03 75) 271 32 59
www.zwickautourist.de
Mo–Fr 9–18.30, Sa 10–16 Uhr

🏛 Robert-Schumann-Haus
➡ bB3
Hauptmarkt 5, Zwickau
✆ (03 75) 81 88 51 16
www.schumannzwickau.de
Di–Fr 10–17, Sa/So 13–17 Uhr
Eintritt € 4/2

🏛 Priesterhäuser/Museum für Stadt- und Kulturgeschichte
➡ bB3
Domhof 5–8, Zwickau
✆ (03 75) 83 45 51
www.priesterhaeuser.de
Tägl. außer Mo 13–18 Uhr
Eintritt € 4/2

🏛 August-Horch-Museum ➡ C4
Audistr. 7, Zwickau
✆ (03 75) 271 73 80
www.horch-museum.de
Tägl. außer Mo 9.30–17, jeder 1. Do im Monat 9.30–20 Uhr
Eintritt € 5,50/3,50

🏛 Galerie am Domhof ➡ bB3
Domhof 2, Zwickau
✆ (03 75) 21 56 87
www.galerie-zwickau.de
Tägl. außer Mo 13–18 Uhr
Eintritt € 1,50/1
Die in einem neoklassizistischen Gebäude aus der zweiten Hälfte des 19. Jh. beheimatete Galerie gilt als einer der wichtigsten Orte der Zwickauer Kunstszene. Hier

stellen nicht nur zeitgenössische Künstler ihre Arbeiten vor, es werden auch Buchlesungen, Vorträge und Konzerte veranstaltet.

🏛 Städtische Kunstsammlung
➡ C4
Lessingstr. 1, Zwickau
✆ (03 75) 83 45 10
www.kunstsammlungen-zwickau.de
Tägl. außer Mo 13–18 Uhr
Eintritt € 4/2
Die umfangreiche Sammlung des 1914 eröffneten Museums im Norden der Altstadt umfasst eine Gemäldesammlung mit Werken aus dem 16.–21. Jh. Die Arbeiten der Künstler, die der »Neuen Sachlichkeit« und dem »Expressionismus« zugetan waren, genießen besondere Wertschätzung, insbesondere die Werke des gebürtigen Zwickauers und Brücke-Künstlers Max Pechstein. Doch auch die Skulpturensammlung, die grafische Sammlung, die mineralogisch-geologische sowie die kulturhistorische Sammlung sind einen Besuch wert.

🌐 Marienkirche ➡ bB3
Domhof 10, Zwickau
✆ (03 75) 274 35 10

Etwas beschwerlich: der Aufstieg auf den Turm des romanischen Zwickauer Doms St. Marien

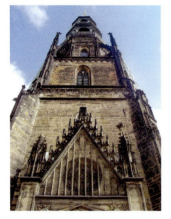

www.nicolai-kirchgemeinde.de
April–Dez. tägl. 10–18, Jan.–März tägl. 13–17, Turmbesteigungen April–Sept. Di und Do 15 Uhr

❌ Wenzel Prager Bierstuben
➡ bB3
Domhof 12, Zwickau
✆ (03 75) 273 75 42
www.wenzel-bierstuben.de
Mo–Do 11–23, Fr/Sa 11–24, So 11–22 Uhr
Direkt am Dom im Zentrum der Altstadt bietet dieses urige und gemütliche Gasthaus deftiges böhmisches Essen wie Gulasch, Knödel oder Braten. Auch Vegetarier kommen auf ihre Kosten, und Bier, insbesondere Staropramen, gibt es in zahlreichen Variationen. €

🎭 Gewandhaus/Theater Plauen-Zwickau ➡ bB4
Gewandhausstr. 7, Zwickau
✆ (03 75) 274 11 46 48
www.theater-plauen-zwickau.de

🎭 Konzert- und Ballhaus Neue Welt ➡ C4
Leipziger Str. 182
✆ (03 75) 271 32 63
www.zwickautourist.de

🏊 Johannisbad ➡ C4
Johannisstr. 16, Zwickau
✆ (03 75) 27 25 60
www.johannisbad.de
Bad: Mo, Mi 10–22, Di 7–22, Do 8–22, Fr 10–23, Sa/So 9–22 Uhr
Sauna: Mo–Mi 10–22, Do 9–22, Fr 10–23, Sa/So 9–22 Uhr
Eintritt Bad € 4,50/3,50 (2 Std.), Sauna € 9/7 (3 Std. inkl. Bad)

Hohenstein-Ernstthal ➡ B/C6
Die zwischen Zwickau und Chemnitz gelegene Kleinstadt Hohenstein-Ernstthal liegt eigentlich nicht mehr im Erzgebirge, birgt aber interessante Sehenswürdigkeiten, die hier nicht unerwähnt bleiben sollten. Zum einen ist

Hohenstein-Ernstthal die Geburtsstadt von Karl May, dem legendären Schöpfer von Romanfiguren wie Winnetou und Old Shatterhand. Im Ort gibt es nicht nur das **Karl-May-Geburtshaus**, sondern auch eine **Karl-May-Begegnungsstätte**, eine **Karl-May Bühne**, einen **Karl-May-Wanderweg** und sogar eine **Karl-May-Höhle**, in der der berühmte Schriftsteller Zuflucht gesucht haben soll, als er polizeilich gesucht wurde. Zum anderen ist die 16 000 Einwohner zählende Stadt Pilgerort für Motorsportfans, die zu etlichen Großveranstaltungen auf dem bei Hohenstein-Ernstthal errichteten **Sachsenring** kommen, wie beispielsweise dem jährlich stattfindenden Motorrad-Grand-Prix.

ℹ Stadt- und Regionalinformation Hohenstein-Ernstthal

Altmarkt 41, 09337 Hohenstein-Ernstthal
☎ (037 23) 44 94 00
Fax (037 23) 44 94 40
www.hohenstein-ernstthal.de
Mo, Mi 9–17, Di, Do 9–18, Fr 9–14, Sa 9–11 Uhr

🏛 Karl-May-Haus

Karl-May-Str. 54
Hohenstein-Ernstthal
☎ (037 23) 421 59
www.karl-may-haus.de, tägl. außer Mo 10–17 Uhr, Eintritt € 3/1
Es ist ein sehr schmales Haus, in dem Karl-May 1842 das Licht der Welt erblickte. Hier verschafft seit 1985 ein Museum Einblicke in das nicht immer einfache Leben des Schriftstellers. Nachgestaltete Räume sollen spürbar machen, wie arm Karl-May aufwuchs, darüber hinaus gibt es eine Sammlung ausländischer Karl-May-Ausgaben und natürlich viele Fotos und Dokumente.

🏛 Textil- und Rennsportmuseum

Antonstr. 6, Hohenstein-Ernstthal
☎ (037 23) 477 11

Karl May (1842–1912)

www.trm-hot.de
Tägl. außer Mo 13–17 Uhr
Eintritt € 3/1,50
In dem kleinen Museum erfährt der Besucher mehr über die Geschichte des Rennsports und die Entwicklung der Textilindustrie in Hohenstein-Ernstthal.

🚶 👁 Karl-May-Wanderweg

Ein gut markierter Wanderweg, der am Karl-May-Haus beginnt, führt innerhalb des Stadtgebietes an mehr als 20 mit Hinweistafeln versehenen Objekten vorbei, die

Karl-May-Haus in Hohenstein-Ernstthal

in Beziehung zu Karl May stehen. Er führt des Weiteren auch über den Pfaffenberg bis hin zur Karl-May-Höhle im Oberwald.

Sachsenring

Am Sachsenring 2
Hohenstein-Ernstthal
☏ (037 23) 653 30
www.sachsenring-circuit.com,
www.sachsenring.de
Tägl. 8–17 Uhr (Verkehrssicherheitszentrum)
Nicht nur für Motorsportfans aus Sachsen, Thüringen und Bayern ist der Sachsenring ein Anziehungspunkt, der zu besonderen Veranstaltungen wie dem Motorrad-Grand-Prix mehr als 100 000 Besucher auf die Zuschauerränge lockt. Im Verkehrssicherheitszentrum finden Rennstreckentrainings für jedermann statt.

Hotel & Restaurant Drei Schwanen

Altmarkt 19, Hohenstein-Ernstthal
☏ (037 23) 65 90
www.drei-schwanen.de
Tägl. 12–14 und 18–23 Uhr
Wer Lust auf moderne, internationale Küche hat, ist im Restaurant Drei Schwanen genau richtig, denn Chefkoch Marcus Jost lässt sich immer wieder Neues einfallen. Von vegetarisch über Fisch und Wild gibt es hier alles, was das Herz begehrt. €€

❸ Lichtenstein ➜ C5

Egal, ob Lichtenstein nun noch zum Erzgebirge gehört oder nicht, Besucher der Region sollten dieses Städtchen auf jeden Fall besuchen und auch etwas Zeit mitbringen. Denn das 14 000 Einwohner zählende Kleinod am Fuße des Westerzgebirges trägt nicht ohne Grund den Beinamen »Die Stadt im Grünen«; das viele Grün der Parkanlagen und angrenzenden Wälder ist tatsächlich bemerkenswert. Darüber hinaus verfügt Lichtenstein über eine beeindruckende Museumslandschaft. An erster Stelle ist das 2001 im Schloss eröffnete **Daetz-Centrum** mit einer Sammlung weltweiter Holzschnitzkunst zu nennen. Für Familien sind vor allem die Freilichtausstellung **Miniwelt** und das Planetarium **Minikosmos** erwähnenswert.

Tourist-Information Lichtenstein

Ernst-Thälmann-Str. 29
09350 Lichtenstein
☏ (03 72 04) 833 41

Der Sachsenring aus der Vogelperspektive

www.lichtenstein-sachsen.de
Di–Fr 14–17, Sa/So 13–18 Uhr

🏛 Daetz-Centrum
Schlossallee 2, Lichtenstein
✆ (03 72 04) 58 58 99
www.daetz-centrum.de
Tägl. 10–18 Uhr
Eintritt € 8/5
Im eleganten Lichtensteiner
Schlosspalais residiert seit 2001
das Daetz-Centrum, das mit seiner
Dauerausstellung »Meisterwerke
in Holz« Jahr für Jahr zahlreiche Besucher anlockt. Über 550
Exponate aus der ganzen Welt
sind hier zu bewundern. Darüber
hinaus werden zusätzliche Ausstellungen organisiert, die sich
in der Regel ebenso dem Thema
Holz widmen.

🏛 🎡 Miniwelt
Chemnitzer Str. 43, Lichtenstein
✆ (03 72 04) 722 55
www.miniwelt.de
April–Okt. tägl. 9–18 Uhr
Eintritt € 9,50/7,50
Über 100 regional- oder welt-
bekannte Bauten lassen sich
hier innerhalb von nur wenigen
Stunden besichtigen. Sei es das
Brandenburger Tor, die Götsch-
talbrücke im Vogtland, die Frei-
heitsstatue oder fünf der sieben
ägyptischen Weltwunder – sie
alle stehen im Miniaturformat
(Maßstab 1:25) nach Regionen
geordnet im Landschaftspark von
Lichtenstein.

👁 🎡 Minikosmos
Chemnitzer Str. 43
✆ (372 04) 722 55, Lichtenstein
www.planetarium-lichtenstein.de
April–Okt. tägl. 11–18 Uhr, sonst
unregelmäßig, unbedingt vorher
nachfragen
Das 2007 eröffnete Planetarium
ist das modernste Kleinplaneta-
rium Deutschlands und führt mit
seinen unterschiedlichen Shows
eindrucksvoll in die faszinierende
Welt des Alls ein.

*Sportwagen-Highlights: Lambor-
ghinis während der »ADAC GT
Masters« am Sachsenring*

✖ Waldgasthof Alberthöhe
Niclaser Str. 51, Lichtenstein
✆ (03 72 04) 834 74
www.waldgasthof-alberthoehe.de
Mo–Do 17–21.30, Fr 11–14 und 17–
21.30, Sa 11–23, So 11–21.30 Uhr
Idyllisch gelegenes Lokal am
Stadtrand mit großem Biergar-
ten. Deutsche Küche, Wild- und
Fischspezialitäten. €

🌹 Rosenfest
Jedes Jahr am letzten Juniwochen-
ende ist Lichtenstein mit unzähli-
gen Rosen geschmückt, auch eine
Rosenprinzessin wird gewählt.

Westerzgebirge

Von Zwickau aus führt die 140 Kilometer lange Ferienstraße **Silberstraße** über Schneeberg, Aue und
Schwarzenberg nach Annaberg-
Buchholz, wo sie sich teilt und über
Wolkenstein und Marienberg bis
nach Freiberg und von dort aus
nach Dresden führt. Besucher-
bergwerke, Hütten- und Heimat-
museen, die Einblicke in bis heute
bewahrte Bräuche und Traditionen
geben, lassen Besucher sehr gut
den Weg des Silbers von den Silber-
bergwerken zu den Erzaufberei-
tungsstätten nachvollziehen. Das
Westerzgebirge birgt aber nicht
nur Spuren der achthundertjähri-
gen Bergbaugeschichte, sondern
ist auch landschaftlich sehr reiz-
voll – mit tiefen Wäldern, steilen
Hängen, artenreichen Bergwiesen,

zahlreichen Quellen, Bächen und einigen Trinkwassertalsperren, die zu ausgedehnten Wanderungen und Fahrradtouren einladen. Und nicht zuletzt sind vor allem die kleinen Städte mit ihren historischen Stadtkernen wie Schneeberg, Aue und Schwarzenberg einen Besuch wert.

Aue ➡ D/E6

Die ungefähr 17 000 Einwohner zählende Stadt Aue liegt in einem Talkessel der Zwickauer Mulde. Ihre erste Blüte erlebte sie im 16. und 17. Jahrhundert mit dem Abbau von Eisen-, Silber- und Zinnerzen sowie von Kaolin, das vor allem an die Porzellanmanufaktur in Meißen geliefert wurde. Heute hat sich Aue vor allem als Industriestandort einen Namen gemacht. Überregional bekannt ist auch der Fußballverein FC Erzgebirge Aue, der es bis in die Zweite Bundesliga geschafft hat.

ℹ Stadtinformation Aue
Goethestr. 5, 08280 Aue
✆ (037 71) 28 11 25, www.aue.de
Mo–Do 9–18, Fr 9–15 Uhr

🏛 Stadtmuseum
Bergfreiheit 1, Aue
✆ (037 71) 236 54
www.stadtmuseum-aue.de
Di–Sa 10–18, So 13–18 Uhr
Eintritt € 1,50/0,50
Das Stadtmuseum, das in einem ehemaligen Huthaus untergebracht ist, präsentiert die Stadt- sowie die Bergbaugeschichte von Aue. In einem neu aufgewältigten (Bergmannssprache: wiederhergestellten) Originalstollen erhält man einen Einblick in die Arbeit der Bergmänner.

✗ Hutzen-Haisel
Goethestr. 9, Aue
✆ (037 71) 24 64 35
www.einkehr-aue.de
Mi–Sa 12–22, So 11–21 Uhr
Im Hutzen-Haisel bekommt man echte erzgebirgische Spezialitäten auf den Tisch. Der Speisesaal befindet sich im St. Urban-Stollen. €

🎠 zoo der minis
Damaschkestr. 1, Aue
✆ (037 71) 237 73
www.zooderminis.de
Tägl. 9–17, letzter Einlass 16.30 Uhr
Eintritt € 3/2
Der Tiergarten am Stadtrand von Aue hat sich auf die Kleinsten der Kleinen spezialisiert und damit großen Erfolg, nicht nur bei Kin-

Bunt und duftend: Frühlings-Bergwiese im Erzgebirge

dern. Hier leben unter anderem Zwergseidenäffchen, Zwergmungos, Zwergmuntjaks, Zwergotter, Zwergaras und Zwergginsterkatzen.

Bad Schlema ➡ D5/6

Jahrhundertelang war Bad Schlema als Bergbaustadt bekannt, in der nicht nur Eisen, Kupfer und Silber, sondern auch Uran gewonnen wurde. Überdies entstand hier nach der Entdeckung, dass man aus Kobalt eine besonders intensive blaue Farbe herstellen kann, mit dem 1644 gegründeten Blaufarbenwerk Oberschlema das größte Blaufarbenwerk der Welt. Es wurde 1964 abgerissen. Zwischen 1946 und 1990 baute hier die SAG (Sowjetische Aktiengesellschaft) Wismut, die 1954 in SDAG (Sowjetisch-Deutsche Aktiengesellschaft) Wismut umbenannt wurde, große Mengen von Uran ab. In den 1990er-Jahren erschloss man in Bad Schlema Radonquellen und errichtete ein großes Kurhaus, da Radon das menschliche Immunsystem stimulieren und dadurch Krankheiten lindern soll.

🛈 Gästeinformation Bad Schlema
Richard-Friedrich-Str. 18
08301 Bad Schlema
✆ (037 72) 38 04 50
www.kurort-schlema.de
Mo–Fr 10–18, Sa/So 10–16 Uhr

🏛 Museum Uranbergbau
Bergstr. 22, Bad Schlema
✆ (037 71) 29 02 23
www.uranerzbergbau.de
Di–Do 9–17, Sa/So 10–17 Uhr
Eintritt € 3/1,50
In den Räumlichkeiten des Kulturhauses »Aktivist« informiert das Museum Uranbergbau unter anderem über die Geschichte des ehemals drittgrößten Uranerzproduzenten der Welt, der SAG

und SDAG Wismut, aber auch über die gefährlichen Arbeitsbedingungen der Bergmänner sowie über die Geschichte von Bad Schlema.

🏛 Besucherbergwerk Markus Semmler
Richard-Friedrich-Str. 2
Bad Schlema
✆ (037 71) 21 26 76
Führungen Sa/So 10 und 13 Uhr oder nach Vereinbarung, nur für Kinder ab 10 Jahren, € 13/5
Der Wasserkunststollen »Markus Semmler« des Besucherbergwerks am roten Kamm gehört zu den bedeutendsten technischen Denkmälern des Schneeberger Bergbaus und ist ein hervorragendes Zeugnis der mittelalterlichen Ingenieurskunst. Er wurde sowohl für den Abbau von Silbererz als auch von Uran benutzt.

🖼 🌀 Gesundheitsbad Actinon
Richard-Friedrich-Str. 7
Bad Schlema
✆ (037 71) 21 55 00
www.kur-schlema.de
Tägl. 9–23 Uhr, € 10 (2,5 Std. Bad & Sauna), Wellnessoase € 1,50 Zuschlag
Großes Kurbad mit Bad, Wellness und Saunalandschaft, dessen Besonderheit die Radon- und solehaltigen Therapiebecken sind.

Bockau ➡ E6

Die Kleinstadt Bockau ist vor allem wegen ihrer Kräutertraditionen bekannt, denn nicht umsonst führt sie den Beinamen »Laborantendorf des Erzgebirges«. Seit Jahrhunderten werden hier die Kräuter Bärwurz, Liebstöckel, Angelika, Baldrian und außerdem Rhabarber angebaut, gesammelt und verarbeitet – zu Heilextrakten, Arzneimitteln, aber auch zu hochprozentigen Spirituosen wie dem Schnaps »Bockauer Erzgebirgs-Kräuter«

Spirituosenmuseum Bockauer Wurzelstube
Zechenhausweg 6, 08324 Bockau
✆ (037 71) 45 41 21
www.bockauer-likoer.de
Di–Fr 10–16, Sa/So 13–17 Uhr
Eintritt inkl. Verkostung € 3, Kinder frei
Hier bekommt der Besucher alte Destillierblasen und Kräutermühlen zu sehen, aber auch historisches Bildmaterial sowie Kräuter- und Wurzelproben. Darüber hinaus besteht natürlich die Möglichkeit, die Bockauer Spezialitäten vor Ort zu verkösten oder zu erwerben.

Breitenbrunn ➡ E/F6
Die südlich von Schwarzenberg liegende Gemeinde Breitenbrunn erstreckt sich entlang der tschechischen Grenze und gliedert sich in sieben Ortsteile. Die namensgebende Ortschaft Breitenbrunn liegt am 913 Meter hohen Rabenberg und wurde vermutlich im 13. Jahrhundert als höchstgelegenes Dorf der Herrschaft Schwarzenberg gegründet. Die Ortschaft Rittersgrün ist vor allem wegen ihres Schmalspurbahn-Museums bekannt, erfreut sich aber auch

aufgrund ihres gut ausgebauten Wanderwegnetzes zunehmender Beliebtheit.

 **Schmalspurbahn-Museum**
➡ F6/7
Kirchstr. 4, OT Rittersgrün
✆ (03 77 57) 74 40
www.ssmo.de
Di–Fr 10–14, Sa/So 10–16 Uhr
Eintritt € 3,50/1,50
Einen Bahnhof wie zu Kaisers Zeiten und über 50 Schienenfahrzeuge kann man in dem Museum erleben. Nicht zuletzt informiert die Ausstellung über das alte Fuhrwesen des Erzgebirges und über den sächsischen Dampflokomotivbau der Firma Hartmann in Chemnitz.

Eibenstock ➡ E5
Ganz im Westen des Erzgebirges und schon an das Vogtland angrenzend liegt die Kleinstadt Eibenstock auf einer Hochfläche am Fuße des **Auersbergs**, dem dritthöchsten Berg Ostdeutschlands, von dessen Aussichtsturm man eine phänomenale Aussicht über das westliche Erzgebirge hat. In der Stadt selbst lohnt sich ein Blick auf das prachtvolle **Rathaus**, das von einem idyllischen Park

Eibenstock im Westerzgebirge

Blauenthaler Wasserfall, größter Wasserfall in Sachsen

umgeben ist. Für Kinder bietet die mehrfach als familienfreundlicher Ort ausgezeichnete Stadt unter anderem den **Märchenpark** am Marktplatz. Ein dichtes Netz von Wanderwegen durchzieht die landschaftlich sehr reizvolle Gegend, die auch im Winter einiges zu bieten hat, zum Beispiel Langlaufloipen und Skilifte. Sehenswert sind die Talsperren in Eibenstock und Carlsfeld, ein besonderes Highlight in der Region ist aber vor allem der größte Wasserfall Sachsens in Blauenthal.

🏛 **Stickereimuseum Eibenstock**
Bürgermeister-Hesse-Str. 7/9, 08309 Eibenstock
✆ (03 77 52) 21 41
www.stickereimuseum.de
Tägl. außer Mo 10–12 und 13–17 Uhr
Eintritt € 2,50/1,50
Ausstellung über die Stadtgeschichte und die Eibenstocker Stickerei.

🏃 🎿 **WurzelRudi's ErlebnisWelt/ Skiarena**
Bergstr. 7, Eibenstock
✆ (01 72) 753 69 70
www.skiarena-eibenstock.de
www.wurzelrudis-erlebniswelt.de
Im Sommer tägl. 10–18, im Winter tägl. 10–16.30 Uhr
Bobfahrt € 2,20, Reifenrutsche € 1,40, Irrgarten € 1,00

Im Winter Skipark, im Sommer Freizeitpark, nur die Allwetterbobbahn ist ganzjährig befahrbar. Ansonsten wechseln sich Skipisten, Skilifte und Rodelbahn jahreszeitbedingt mit Kletterburg, grünem Labyrinth und Haustierzoo ab – ein Muss für Kinder!

🏊 Badegärten Eibenstock
Am Brühl 3, Eibenstock
☎ (03 77 52) 50 70
www.badegaerten.de
So–Do 10–22, Fr/Sa 10–23 Uhr
Eintritt € 8,50/5,50 (120 Min.), € 11/8 (länger als 120 Min., ohne Sauna)
Insgesamt 14 verschiedene Saunen gibt es hier, überdies eine 106 m lange Riesenrutsche, ein Kinderbecken und ein beheiztes Außenbecken.

Johanngeorgenstadt ➡ F6
Direkt an der tschechischen Grenze liegt Johanngeorgenstadt, das 1654 gegründet wurde, nachdem Kurfürst Johann Georg I. von Sachsen böhmischen Glaubensflüchtlingen aus der Bergstadt Platten und Umgebung erlaubt hatte, sich an diesem Ort niederzulassen. Schon bald etablierte sich die Stadt als Bergbaustandort, an dem vor allem Silber und Zinn gefördert wurde. Da hier vor mehr als 260 Jahren die ersten Schwibbögen entstanden sein sollen, trägt der Ort den Beinamen »Stadt des Schwibbogens«. Die waldreiche Umgebung und der 1019 Meter hohe Auersberg laden zu ausgedehnten Wanderungen ein, die zum Teil auch über die Grenze nach Tschechien führen. Von Johanngeorgenstadt sind es nur 35 Kilometer bis zum traditionsreichen tschechischen Kurort Karlsbad.

ℹ Tourist-Information
Eibenstocker Str. 67
08349 Johanngeorgenstadt
☎ (037 73) 88 82 22
www.johanngeorgenstadt.de
Mo 10–12 und 12.30–13, Di–Fr 10–12 und 12.30–16, Sa 10–12 Uhr

🏛 Schaubergwerk Frisch Glück »Glöckl«
Wittigsthalstr. 13–15
Johanngeorgenstadt
☎ (037 73) 88 21 40
www.frisch-glueck.de
Di–Fr 9–15, Sa/So 10.30–15 Uhr, Führung alle 90 Minuten, mind. 5 Personen außer 13.30 Uhr
Eintritt € 5/4,20
Hier erfährt man alles vom Silberbergbau bis zum Uranabbau der SDAG Wismut, teilweise darf auch selbst Hand angelegt werden.

🏛 Pferdegöpel
Am Pferdegöpel 1
Johanngeorgenstadt
☎ (037 73) 88 31 68
www.pferdegoepel.de
Führungen tägl. außer Mo 10, 11, 13, 14, 15 und 16 Uhr
€ 2,50/1,50, mit Pferden (nur nach Anmeldung) € 3,50/2,50
Nach dem Zweiten Weltkrieg wurde der letzte von ehemals drei Pferdegöpeln in Johanngeorgenstadt durch die SDAG Wismut abgerissen und konnte erst Anfang der 1990er-Jahre rekonstruiert werden. Ein Museum informiert über die Geschichte des Göpels, nach Anmeldung sind auch Schauvorführungen mit Pferden möglich.

Lauter ➡ E6
Die ca. 5000 Einwohner zählende Kleinstadt Lauter ist für ihre Tradition in der Korbwarenherstellung, Papierverarbeitung und Emailleindustrie bekannt. Darüber hinaus feiert man hier seit 1996 alljährlich Ende September/Anfang Oktober das dreitägige **Vugelbeerfast** (www.vugelbeerkoenigin.de), das der Frucht der wilden Eberesche gewidmet ist.

Aus der Werkstatt Lucas Cranach d. Ä.: der Reformationsaltar in der Schneeberger St.-Wolfgangs-Kirche

🏛 🍷 Spirituosenmuseum/ Alte Laborantenkunst

August-Bebel-Str. 5, 08312 Lauter
✆ (037 71) 25 63 91
www.lautergold.de
Mo–Sa 10–16.30 Uhr
Eintritt € 2, Kinder frei
Die Sonderschau des Spirituosenmuseums der Firma Lautergold Paul Schubert GmbH ist überregional bekannt. Während einer Führung durch die Ausstellung des seit 1734 bestehenden Familienunternehmens wird man in die Geheimnisse der Brennerei eingeweiht. Im Laborantenstübl werden die Produkte dann zum Verkosten angeboten.

Schneeberg ➡ D/E5

Die 16 000 Einwohner zählende Stadt Schneeberg erstreckt sich auf dem 470 Meter hohen Schneeberg, der der Stadt ihren Namen gab, und wurde vor gut 500 Jahren gegründet, als große Silbererzvorkommen in der Region entdeckt wurden. Im Laufe der Zeit erlangte die Stadt großen Reichtum, der seinen Ausdruck unter anderem im Bau der **St.-Wolfgangs-Kirche** ➡ D5 fand. Nach einem verheerenden Brand am 13. August 1719, der weite Teile des Stadtzentrums verwüstete, wurde ein Großteil der Gebäude im Stil des Hoch- und Spätbarock wieder aufgebaut. Aus diesem Grund trägt Schneeberg heute den Beinamen »Barockstadt des Erzgebirges«.

ℹ Touristeninformation

Markt 1, 08289 Schneeberg
✆ (037 72) 203 14 und 203 13
www.schneeberg.de
Mo, Mi, Fr 9–12.15 und 12.45–16, Di, Do 9–12.15 und 12.45–18, Sa 10–14, So und Feiertag 11–14 Uhr

👁 St.-Wolfgangs-Kirche ➡ D5

Kirchgasse 7, Schneeberg
✆ (037 72) 391 20
www.st-wolfgang-schneeberg.de
www.bergmannsdom.de
April–Okt. Mo–Fr 10–12 und 14–17, Sa 10–12 und 13–17, So 14–17, Nov.–März Mo–Fr 10–12 und 14–16, Sa 10–12 und 13–16,

So 14–16, in der Adventszeit tägl. bis 17 Uhr
Turmbesteigungen: Mo–Sa 11–15, So 14–16 Uhr, € 2/1
Das zwischen 1516 und 1540 errichtete Gotteshaus gehört heute zu den größten spätgotischen Hallenkirchen Sachsens und ist mit seinem 72 m hohen Turm unübersehbares Wahrzeichen Schneebergs. Nicht ohne Grund trägt die St.-Wolfgangs-Kirche den Beinamen »Bergmannsdom«, denn die Bürger der Stadt finanzierten den Kirchenneubau dadurch, dass sie seit etwa 1480 von jedem fündigen Kux, also einem Bergwerksanteil, einen Groschen an die Kirchengemeinde abführten. Die 1540 evangelisch eingeweihte Kirche erhielt im 17. und 18. Jh. eine reiche Barockausstattung, unter anderem wurde eine Barockhaube auf den im Jahr 1670 aufgestockten Turm aufgesetzt. Besonders sehenswert ist der zwischen 1532 und 1539 angefertigte Reformationsaltar aus der Werkstatt Lucas Cranach d. Ä. mit Darstellungen von der Kreuzigung Christi auf der Vorderseite und alttestamentarischen Szenen auf der Rückseite. Leider wurde die Kirche 1945 durch amerikanische Tiefflieger weitgehend zerstört. Sie konnte jedoch bis 1996 in ihrer ursprünglichen Form wieder aufgebaut werden.

Museum für bergmännische Volkskunst

Obere Zobelgasse 1, Schneeberg
✆ (037 72) 224 46
www.museum-schneeberg.de
Di–Do 9.30–17, Fr 13–17, Sa/So 9.30–17, im Dez. tägl. außer Mo 9.30–17 Uhr
Eintritt € 3/2
Das Museumsgebäude, das »Bortenreutherhaus«, gilt als eines der repräsentativsten Barockdenkmäler der Stadt. In der Ausstellung sind unter anderem Werke der westerzgebirgischen Schnitzkunst wie Weihnachtskrippen, Miniaturschnitzereien, Pyramiden, Buckelbergwerke sowie mechanische Heimat- und Weihnachtsberge zu sehen.

🏛 Siebenschlehner Pockwerk

Lindenauer Str. 22, Schneeberg
✆ (037 72) 226 36
www.museum-schneeberg.de
Ab Ostersonntag bis 31. Okt. Do–So 10–16 Uhr
Eintritt € 3/2
Da das Schneeberger Revier vom 16. bis 19. Jh. der weltweit größte Fundort für Kobalterze war (daraus wurde unter anderem das Kobaltblau für das Meissner Porzellan hergestellt), darf in Schneeberg ein Museum zum Kobaltbergbau nicht fehlen. Zum einen kann man hier das 1752 erbaute und mehrfach erneuerte Pochwerk in Betrieb erleben, zum anderen ist eine Ausstellung zur Bergbaugeschichte zu sehen.

🏛 Neustädtler Hobbybergwerk

Karlsbader Str. 126, Schneeberg
✆ (037 72) 211 99
www.hobbybergwerk.de
Besichtigung nach telefonischer Vereinbarung, Eintritt frei, Spenden willkommen
Originelles Minibergwerk in einem Privathaus, das ein ehemaliger Wismut-Bergmann mit viel Liebe zum Detail eingerichtet hat. Sein Ziel ist, die Traditionen des Uranbergbaus im 20. Jh. zu vermitteln. Die besondere Ausstellung erweckt bei Besuchern den Eindruck, wirklich in ein Bergwerk eingefahren zu sein.

☒ Goldne Sonne

Fürstenplatz 5, Schneeberg
✆ (037 72) 37 09 11
www.goldne-sonne.de
Mo–Fr 11–14 und ab 18, Sa/So 11–14.30 und ab 18 Uhr
Günstige Gaststätte im Haus für Kultur und Kommunikation im Erzgebirge, mit wechselnder Speisekarte. €

Der Markt in Schwarzenberg

Filzteich
Strandbad Filzteich
✆ (037 72) 224 60
Mai tägl. 8–18, Juni–Aug. tägl. 8–20, 1.–15. Sept. tägl. 8–18 Uhr
Eines der schönsten Naherholungsgebiete im Westerzgebirge ist sicherlich das Gebiet rund um den Filzteich, der schon zwischen 1483 und 1485 errichtet wurde, um die Maschinen, die für den Bergbau benötigt wurden, antreiben zu können. Seit 1933 ist der 23 ha große See ein Strandbad und bietet zahlreiche Bademöglichkeiten.

Weihnachtsmarkt und Lichtelfest
Am 2. Adventswochenende findet in Schneeberg ein Lichtelfest statt, dessen Höhepunkt die große Bergparade am Sonntag ist. Der Weihnachtsmarkt ist ab dem 1. Adventswochenende geöffnet.

Schwarzenberg ➜ E6
Ohne Frage zählt Schwarzenberg zu den schönsten Städten des Erzgebirges. Vor allem die auf einem Felsmassiv thronende Altstadt mit dem Ensemble aus **Schloss Schwarzenberg** und der barocken **St.-Georgenkirche** lockt

zu allen Jahreszeiten zahlreiche Besucher an.

Als *civitas Swartzenberg* wurde die Stadt 1282 erstmals urkundlich erwähnt; im 16. Jahrhundert entwickelte sie sich zu einer Bergstadt, in deren Umgebung vor allem Eisen, Zinn, Kupferkies, Zinkblende, Spate und Marmor gefördert wurden. Berühmt wurde Schwarzenberg nach dem Ende des Zweiten Weltkrieges, als der Landkreis Schwarzenberg bis zum 25. Juni 1945 von alliierten Truppen unbesetzt blieb und stattdessen engagierte Bürger die Macht im Rathaus ergriffen. Die Geschehnisse verarbeitete Stefan Heym in seinem Roman »Schwarzenberg«.

Tourist-Information
Oberes Tor 5
08340 Schwarzenberg
✆ (037 74) 225 40
www.schwarzenberg.de
Mo–Fr 10–18, Sa 10–13 Uhr

Museum Schloss Schwarzenberg
Obere Schloßstr. 36, Schwarzenberg
✆ (037 74) 233 89
www.schwarzenberg.de, tägl. außer Mo 10–17 Uhr, Eintritt € 3/2
Das Schloss erfuhr nach seiner Erbauung im 12. Jh. zahlreiche

drastische Veränderungen und erhielt seine heutige Gestalt erst in der zweiten Hälfte des 19. Jh. Im Museum wird in erster Linie über die Schloss- und Stadtgeschichte informiert, historische Werkstätten beleben die Ausstellung.

🏛 Eisenbahnmuseum

Schneeberger Str. 60
Schwarzenberg
✆ (037 74) 76 07 60, www.vse-eisen bahnmuseum-schwarzenberg.de
April–Okt. Mo–Fr 10–14, Sa/So 10–17, Nov.–März tägl. 10–14 Uhr, Eintritt € 3/1,50
Hier kann man eine der größten Fahrzeugsammlungen Sachsens besichtigen und vor allem die Nostalgie altehrwürdiger Lokomotiven erleben.

🏛 ❹ Zinnkammern – Besucherbergwerk Pöhla

Luchsbachtal 19, OT Pöhla
✆ (037 74) 810 78
www.zinnkammern.de
Führungen tägl. 10 und 14 Uhr, € 14/10
Nach einer 3 km langen Fahrt mit der Grubenbahn gelangt man in die mit einer Länge von 45 m, einer Höhe von 12 m und einer Breite von 10 m größten Zinnkammern Europas. Hier erfährt man unter anderem einiges über den Uranabbau durch die SDAG Wismut. Regelmäßig werden die Kammern auch für kulturelle Veranstaltungen genutzt.

Schwarzenberger Stadtwappen an der Orgelempore der St. Georgenkirche

🎦 St. Georgen

Obere Schloßstr. 9, Schwarzenberg
✆ (037 74) 223 77
www.st-georgen-schwarzenberg.de
Mo–Fr 9.30–17 Uhr
Die St. Georgenkirche wurde zwischen 1690 und 1699 errichtet und ist nicht nur aufgrund ihrer bäuerlich-barocken Einrichtung, sondern auch wegen ihrer reich geschnitzten, freitragenden Decke bemerkenswert, die 34 m lang und 18 m breit ist und ohne jegliche Stützpfeiler auskommt.

✕ 🛏 Vugelbeerschänk

Karlsbader Str. 32, OT Pöhla
✆ (037 74) 860 12
www.vugelbeerschaenk.de
Di ab 17, Mi–Fr 11–14 und 17–23, Sa 11–24, So 11–21 Uhr
Neben guter Hausmannskost werden hier auch Spezialitäten der Region aufgetischt. €

Sosa ➡ E5

Die Gemeinde Sosa, in der ehemals Braunkohle produziert wurde, liegt an der **Talsperre Sosa** und am Fuße des 1019 Meter hohen Auersbergs. Da sie von waldreichen Berghängen umgeben ist, bietet sich die Gegend hervorragend für ausgedehnte Wanderungen an. Hin und wieder lassen sich an den Wanderwegen auch noch Spuren der bergmännischen Vergangenheit entdecken. Im Winter bieten die zahlreichen gespurten Langlaufloipen optimale Bedingen.

✕ 🛏 Pension & Gaststätte »Am Frölichgut«

Frölichweg 18, 08326 Sosa
✆ (03 77 52) 660 44
www.am-froelichgut.de
Di ab 17, Mi–Fr 11–14 und ab 17, Sa/So ab 11 Uhr
Gediegene Gaststätte mit gutbürgerlicher Küche. Eine Spezialität des Hauses ist der preisgekrönte Schiebböcker Käse. €

Weihnachtsmarkt in Annaberg-Buchholz

Mittelerzgebirge

Als Mittelerzgebirge wird die Region rund um die Kleinstädte Marienberg und Annaberg-Buchholz bezeichnet. Sie ist über die Jahrhunderte besonders stark vom Bergbau geprägt worden. Spuren der Vergangenheit lassen sich daher allerorts besichtigen, so zeugen beispielsweise prächtige Kirchenbauten und Bürgerhäuser vom Reichtum, den der Bergbau brachte, und Schauberg- und Hammerwerke erzählen von der harten Arbeit der Bergleute und den technischen Entwicklung im Bergbau. Von der größten Stadt des Mittelerzgebirges, ❺ **Annaberg-Buchholz**, ist es nicht weit zu den höchsten Gipfeln des Erzgebirges – zum **Fichtelberg** auf deutscher Seite und zum Keilberg (Klínovec) auf tschechischer Seite. Wintersport lässt sich im Kurort **Oberwiesenthal** am Fuße des Fichtelbergs hervorragend betreiben, im Sommer ist das Gebiet ein Paradies für Wandervögel. Ein ganz besonderes Erlebnis sind Fahrten mit der **Preßnitztalbahn** oder der ❽ **Fichtelbergbahn**. Im Norden von Annaberg-Buchholz locken unter anderem die bizarren Granitblöcke der **Greifensteine** Besucher an. Naturschutzgebiete wie das wildromantische ❾ **Schwarzwassertal** sind ideal für Fahrradtouren und Wanderungen und im windungsreichen Zschopautal, das von der Zschopautalbahn begleitet wird, erheben sich gleich mehrere romantische Schlösser und mächtige Burgen. Südlich von Chemnitz deutet die wellenförmige Landschaft rund um die Kleinstadt **Stollberg** schon das Erzgebirge an und lädt zu ausgedehnten Spaziergängen ein.

❺ **Annaberg-Buchholz** ➡ D/E8

Malerisch erstreckt sich die 22 000 Einwohner zählende Stadt an den Hängen des 832 Meter hohen Pöhlbergs, deren denkmalgeschützte Altstadt außer der spätgotischen **St. Annenkirche** weitere zahlreiche Sehenswürdigkeiten birgt. Wie in den meisten anderen Städten des Erzgebirges waren es auch in Annaberg-Buchholz Silber- und Kupfererzfunde, die zur Gründung der Stadt führten. Georg der Bärtige gab 1496 den Befehl zum Bau einer Siedlung mit dem Namen Annaberg, die innerhalb von 50 Jahren nach Freiberg zur zweitgrößten Stadt

Sachsens anwuchs. Zur gleichen Zeit begann man unterhalb von Annaberg eine weitere Bergbausiedlung mit dem Namen St. Katharinenberg im Buchholz anzulegen. Der Zusammenschluss der nah beieinanderliegenden Ortschaften erfolgte aber erst 1949 auf Anweisung des russischen Stadtkommandanten. Eine der bedeutendsten Persönlichkeiten der Stadt ist der Mathematiker Adam Ries, der 1522 nach Annaberg zog und dort bis zu seinem Lebensende als Rechenmeister und Bergbeamter tätig war.

Bei einem Rundgang durch die Altstadt von Annaberg sollte man nicht nur die St. Annenkirche besichtigen, sondern auch am **Marktplatz** vorbeischauen, wo das Mitte des 18. Jahrhunderts errichtete Rathaus und einige Bürgerhäuser aus dem 17. Jahrhundert die Aufmerksamkeit des Betrachters erregen. Überdies erhebt sich auf dem Marktplatz das **Barbara-Uthmann-Denkmal**, das an die bekannte Verlegerin für Borten erinnert, die mitverantwortlich dafür zeichnete, dass ab der zweiten Hälfte des 16. Jahrhunderts Klöppeln und Bortenwirken eine große wirtschaftliche Bedeutung in der Region erlangten.

Es lohnt sich auch, die Annaberger Altstadt mit ihrer zum Teil noch erhaltenen **Stadtmauer** aus dem 16. Jahrhundert zu verlassen, um den Stadtteil Berg-

Das Klöppeln von Spitze hat im Erzgebirge seit dem 16. Jahrhundert Tradition

holz aufzusuchen, der allein schon aufgrund seiner Hanglage sehenswert ist. Hier erhebt sich die **St. Katharinenkirche**, die im Zweiten Weltkrieg vollkommen zerstört wurde, jedoch wieder aufgebaut werden konnte.

ℹ️ Tourist-Information
Buchholzer Str. 2, 09456 Annaberg-Buchholz, ✆ (037 33) 194 33
www.annaberg-buchholz.de
Tägl. 10–18 Uhr

🏛 Manufaktur der Träume
Buchholzer Str. 2
Annaberg-Buchholz
✆ (037 33) 42 52 84
www.manufaktur-der-traeume.de
Tägl. 10–18, letzter Einlass 17 Uhr
Eintritt € 7/4
Die im Jahr 2010 neugeschaffene Ausstellung war von Beginn an ein Besuchermagnet. Auf drei Etagen kann man hier die außergewöhnliche Sammlung von Dr. Erika Pohl-Ströher erleben, die sowohl deutsche als auch böhmische Volkskunst aus dem Erzgebirge zeigt. »Sehen, hören, riechen, schmecken, fühlen« lautet das Motto der Ausstellung, die mit viel Fantasie den Besucher in ihren Bann zieht.

🏛 Adam-Ries-Museum
Johannisgasse 23
Annaberg-Buchholz
✆ (037 33) 221 86
www.adam-ries-museum.de
Tägl. außer Mo 10–16 Uhr
Eintritt € 3/2
Das im Jahr 2011 mit dem sächsischen Museumspreis ausgezeichnete Museum führt seine Besucher auf eine Reise ins ausgehende 15. Jh., in eine Zeit, in der Mathematik noch als göttliches Prinzip galt. Das änderte sich jedoch spätestens mit der Entdeckung Amerikas, der Erfindung des Buchdrucks und vor allem mit der Geburt von Adam Ries, dem genialen Rechenmeister, dessen Leben hier dem Publikum

umfassend und sehr anschaulich dargestellt wird.

🏛 **Erzgebirgsmuseum mit Besucherbergwerk »Im Gößner«**
Große Kirchgasse 16
Annaberg-Buchholz
✆ (037 33) 234 97
www.annaberg-buchholz.de/
erzgebirgsmuseum
Tägl. 10–17 Uhr, Eintritt € 5,50/3
Das bereits 1887 gegründete Museum zeigt Gegenstände und Dokumente aus der Geschichte der Stadt und des oberen Erzgebirges, insbesondere vom Bergbau und Handwerk. Außerdem präsentiert es historische Klöppelspitzen, Schnitzereien und Waffen. Im Hof des Museums befindet sich das 500 Jahre alte Silberbergwerk »Im Gößner«, dessen bedeutendster Erzgang das gesamte Altstadtgebiet durchschneidet. Eine 260 m lange Rundgangstrecke ist seit Beginn der 1990er-Jahre für Besucher zugänglich.

🏛 **Frohnauer Hammer** ➡ D8
Sehmatalstr. 3, Frohnau
✆ (037 33) 220 00, www.annaberg-buchholz.de/hammer
Tägl. 9–12 und 13–16, Mai–Okt.
letzte Führung 16.30 Uhr
Eintritt € 3/2 (inkl. Führung)
Der Frohnauer Hammer gehört ohne Zweifel zu den bedeutendsten Bergbauzeugnissen über Tage im Erzgebirge. Er ging aus einer 1436 errichteten Getreidemühle hervor. Noch bis 1904 wurden hier Werkzeuge für den Bergbau hergestellt. Im Rahmen der Ausstellung bekommt man nicht nur ein 300 Jahre altes Hammerwerk zu sehen, sondern auch die ehemaligen Wohnräume des Hammerherren und eine Klöppelstube.

🏛 **Besucherbergwerk »Markus Röhling Stolln«**
Sehmatalstr. 15, Frohnau
✆ (037 33) 529 79
www.roehling-stolln.de

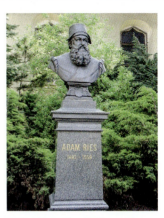

Büste des großen Mathematikers Adam Ries vor der Trinitatiskirche in Annaberg-Buchholz

Tägl. 9–16 Uhr, Führungen ca. 1 Std.
Eintritt € 6,50/4
Eine 600 m lange Grubenbahn bringt Besucher in das Bergwerk, in dem von 1733 bis 1857 Silber und Kobalt abgebaut wurden und in den 1950er-Jahren die SDAG Wismut nach Uran gesucht hat. Ein Höhepunkt ist die Besichtigung eines rekonstruierten, 9 m hohen Kunstrades.

🏛 **Besucherbergwerk Cunersdorf »Dorothea Stolln«**
Dorotheenstr. 2, Cunersdorf
✆ (037 33) 662 18
www.dorotheastollen.de
Mo–Fr 7–15, letzte Führung 14, Sa 10–15 Uhr
Führung € 7/5, Bootsfahrt € 7/5
Der zu Beginn des 16. Jh. gehauene Stollen ist etwa 50 km lang und gab angeblich reichliche Mengen an Silber frei. Später wurden auch Nickel-, Kobalt- und Kupfererze abgebaut, nach 1945 förderte die SAG bzw. SDAG Wismut hier Uranerze. Besonders ungewöhnlich ist eine Bootsfahrt unter Tage.

👁 **St. Annenkirche**
Kleine Kirchgasse 23
Annaberg-Buchholz

Dokumentation des Silberbergbaus: der »Bergaltar« (1522) von Hans Hesse in der St. Annenkirche in Annaberg-Buchholz

✆ (037 33) 256 27
www.kirche-annaberg-buchholz.de
April–Dez. Mo–Sa 10–17, So 12–17, Jan.–März Mo–Sa 11–16, So 12–16 Uhr, Eintritt frei, Führung € 2,50/1
Turmführungen Mai–Okt. Mo–Sa 10–17, So 13.30–17 Uhr, € 2/1
Zu den Hauptattraktionen von Annaberg-Buchholz gehört ohne Frage die zwischen 1499 und 1525 erbaute St. Annenkirche, deren 78 m hoher Turm die Stadt beherrscht. Während das Äußere der spätgotischen Kirche sehr schlicht wirkt, überrascht der prächtige Innenraum des Gotteshauses mit seinem markanten Schlingrippengewölbe und dem berühmten Bergaltar von Hans Hesse mit Darstellungen des mittelalterlichen Silberbergbaus. Die Walcker-Orgel mit über 4000 Pfeifen und 65 Registern wurde im Jahr 1884 eingebaut. Vom Turm aus hat man einen atemberaubenden Blick auf die Stadt und die nähere Umgebung.

👁 🚶 Pöhlberg
Einen längeren Spaziergang wert ist der 832 m hohe Pöhlberg, der sich unmittelbar östlich von Annaberg-Buchholz erhebt. Wie seine Nachbarn Bärenstein und Scheibenberg ist er ein Erosionsrest eines ehemaligen Lavastroms und besteht zu großen Teilen aus Basalt. Sehr anschaulich ist dies an den sogenannten Butterfässern zu sehen, einer Basaltformation an der Nordseite des Bergs, die durch einen ehemaligen Steinbruch freigelegt wurden. Auf seinem höchsten Punkt lädt ein Hotel mit einer Gaststätte und einem Aussichtsturm zum Verbleib ein.

❌ Zum Neinerlaa
Markt 1, Annaberg-Buchholz
✆ (037 33) 67 94 09
www.zum-neinerlaa.de
Mo–Fr 11–21, Sa 11–21.30, So 11–20.30 Uhr
Echte Erzgebirgische Spezialitäten gibt es im Neinerlaa zu jeder Jahreszeit. €

✉ ⌨ Zum Türmer
Große Kirchgasse 19
Annaberg-Buchholz
✆ (037 33) 244 17
www.zum-tuermer.eu, Mo–Do
10–22, Fr/Sa 10–23, So 10–22 Uhr
Im Lokal des gleichnamigen Hotels werden unter anderem auch typisch erzgebirgische Speisen serviert. €

⌨ Schokogusch'l
Museumsgasse 1
Annaberg-Buchholz
✆ (037 33) 426 97 35
www.annaberger-backwaren.de
Tägl. 10–18 Uhr
Hier kann man beim Anfertigen der Leckereien aus Schokolade zusehen und natürlich auch probieren – neben Backwaren und Schokolade gibt es auch Salate und kleine Gerichte. €

🎎 Annaberger Kunststube
Große Kirchgasse 4b
Annaberg-Buchholz
✆ (037 33) 235 14
www.annaberger-kunststube.de
Mo–Fr 9–18, Sa 9–16 Uhr
In der Kunststube finden Besucher auch mal Außergewöhnliches, das nicht überall erhältlich ist.

🎭 Annaberger KÄT
Es ist das größte Volksfest im Erzgebirge und findet jedes Jahr zwei Wochen nach Pfingsten statt.

🎭 Große Bergparade
Jährlich am vierten Advent versammeln sich hunderte Bergmänner und Bergmusikanten in Annaberg-Buchholz, um die größte Bergparade des Erzgebirges zu bestreiten. Höhepunkt ist das große Bergkonzert an der St. Annenkirche.

Augustusburg ➡ B8
Von tiefen Wäldern umgeben ist die Kleinstadt Augustusburg am Osthang des 516 Meter hohen Schellenbergs, auf dem sich das weithin sichtbare ❻ **Schloss Augustusburg** erhebt. Eine gute Möglichkeit die Stadt und das Schloss zu erreichen, ist eine Fahrt mit der über 100 Jahre alten **Drahtseilbahn** von Erdmannsdorf nach Augustusburg (www.drahtseilbahn-augustusburg.de). Wanderungen in die Umgebung von Augustusburg können beispielsweise zum **Ausflugfelsen Kunnerstein** oder in das 1966 gegründete **Arboretum** führen.

👁 🏛 ❻ Schloss Augustusburg
Schloss 1, 09573 Augustusburg
✆ (03 72 91) 38 00

Weithin sichtbar: Schloss Augustusburg

www.die-sehenswerten-drei.de
April–Okt. tägl. 9.30–18, Nov.–
März tägl. 10–17 Uhr
Kombikarte € 12/10

Das Schloss Augustusburg wurde
zwischen 1568 und 1572 im Auftrag des sächsischen Kurfürsten
August an der Stelle einer alten
Burg als Jagd- und Lustschloss
im Stil der Renaissance errichtet.
Seitdem durchlief es einige bau-
liche Veränderungen und eine
wechselvolle Geschichte. Unter
anderem wurden die Räumlichkeiten während der Zeit des
Nationalsozialismus als NS-Füh-
rungsschule genutzt. Seit einigen Jahrzehnten ist das Schloss
mit seinen Museen ein beliebtes
Ausflugsziel. So haben neben
dem **Schlossmuseum** mit seiner
faszinierenden Kutschenausstel-
lung und dem **Motorradmuseum**
auch ein **Adler- und Falkenhof** sowie das **Schlosstheater** ihren Sitz
in den historischen Gemäuern.

Crottendorf ➧ E7

Die kleine Ortschaft Crottendorf
liegt an den Ufern der Zschopau in
den Ausläufern des Fichtelberges
auf rund 650 Meter Höhe und hat
eine liebliche Umgebung, die zum
Wandern und Verweilen einlädt.
Für Touristen sind innerhalb des
Ortes ein kleines Schnaps-Muse-
um und die Verkaufsausstellung
der Crottendorfer Räucherkerzen
GmbH interessant.

🏛 Crottendorfer Schnaps-Museum

Rathenaustr. 59c
09474 Crottendorf
℡ (03 73 44) 136 16
www.grenzwald.de
Mo–Fr 10–17, Sa 9–12 Uhr
Eintritt frei

In diesem technischen Museum
wird anhand von historischen
Maschinen der Produktionsablauf
bei der Herstellung von Schnaps
nachvollziehbar.

🏛 🎫 Crottendorfer Räucher-kerzen GmbH

Am Gewerbegebiet 11
Crottendorf
℡ (03 73 44) 72 34, www.crotten
dorfer-raeucherkerzen.de
Führungen und Kurse nach Vereinbarung (mindestens 10 Personen)

Das Traditionsunternehmen Crottendorfer Räucherkerzen GmbH
gehört zu den drei bekanntesten
Räucherkerzenherstellern im Erzgebirge (neben Knox und Huss
Neudorfer). Hier kann man im
Rahmen einer Führung oder eines
Kurses hinter die Kulissen schauen
oder selbst Hand bei der Herstellung von Räucherkerzen anlegen.

Deutschneudorf ➧ D10

Ganz in der Nähe des Kurorts Seiffen und nur vier Kilometer von der
tschechischen Grenze entfernt
liegt die aus den vier Ortsteilen
Deutscheinsiedel, Deutschkatharinenberg, Brüderwiese und
Oberlochmühle bestehende Gemeinde. Sie nennt sich selbst auch
»Bernsteinzimmerdorf«, weil hier
und da vermutet wird, dass am
Ende des Zweiten Weltkrieges
in einer bis 1880 betriebenen
Kupfer- und Silbererzgrube im
Ortsteil Deutschkatharinenberg
das berühmte Bernsteinzimmer
versteckt worden ist. Bis heute
wurde allerdings nichts gefunden.
Im Jahre 2001 wurde die Grube in
das **Fortuna-Bernstein Erlebnis-bergwerk Deutschkatharinenberg**
umgestaltet, das in seiner Ausstel-
lung ausführlich über die Zusam-
menhänge informiert. Ansonsten
eignet sich Deutschneudorf vor
allem als Ausgangspunkt für Wanderungen in die Umgebung, auch
über die Grenze nach Tschechien.

🎦 🏛 Fortuna-Bernstein Erlebnisbergwerk

Deutschkatharinenberg 14
09548 Deutschneudorf

Krokusblüte in Drebach

✆ (03 73 68) 129 42
www.fortuna-bernstein.de
Tägl. außer Mo 10.30–16 Uhr
Eintritt € 5,50/4

⊠ **Huthaus**
Deutschkatharinenberg 14
Deutschneudorf
✆ (03 73 68) 129 42
www.fortuna-bernstein.de
Tägl. außer Mo 10.30–16 Uhr
Das dem Besucherbergwerk angeschlossene Restaurant bietet
regionale und internationale Küche und wurde schon mehrfach
ausgezeichnet. €€

Drebach ➧ C8
Die Gemeinde Drebach besteht
aus mehreren Ortsteilen, von denen einige interessante Sehenswürdigkeiten bergen. Ein Besuch
lohnt sich zum Beispiel vor allem
zwischen Anfang März und Ende
April zur **Krokusblüte**. Dann nämlich blühen auf zahlreichen Wiesen die wild wachsenden, violett
gefärbten Drebacher Frühlings-
krokusse, die auch den Beinamen »Nackte Jungfern« tragen.
Überdies veranstaltet das orts-
ansässige **Zeiss-Planetarium** das
ganze Jahr über beinahe täglich
Vorführungen.

🏛 🌺 **Zeiss-Planetarium mit
Volkssternwarte**
Milchstr. 1, 09430 Drebach
✆ (03 73 41) 74 35
www.milchstrasse1.de
Termine auf der Webseite angegeben
Planetarium € 4/2, Sternwarte
€ 2,50/1,50
Auf einer 200 m² großen Kuppel
erstrahlt im Zeiss-Planetarium von
Drebach der Sternenhimmel. Das
ermöglicht unter anderem der
hochmoderne Sternenprojektor
»ZKP 3 Skymaster« von Carl Zeiss
Jena. Wer dann noch einen Blick
in den echten Sternenhimmel
werfen möchte, kann dies in der
Volkssternwarte tun.

Ausflug:

◉ 🏛 **Burg Scharfenstein** ➧ C8
Schlossberg 1, Scharfenstein
✆ (037 25) 707 20
www.die-sehenswerten-drei.de
April–Okt. tägl. außer Mo 10–
17.30, Nov.–März tägl. außer Mo
10–17 Uhr
Eintritt € 5/4, Burgführung (alle
Museen) Mi–So, € 7/5
Die im Jahr 1250 errichtete Burg
Scharfenstein erhebt sich oberhalb der Ortschaft Scharfenstein
und bietet Besuchern von ihrem

Bergfried einen wunderbaren Blick über das Zschopautal. Sie wurde, nachdem sie in der DDR als Kinder- und Jugendheim genutzt wurde, in den 1990er-Jahren gründlich saniert. Seitdem beheimatet sie gleich mehrere Ausstellungen: Eine informiert über die 800-jährige Burggeschichte und über den erzgebirgischen Wilddieb, Geschichtenerzähler und Volkshelden Karl Stülpner, die Spielzeug- und Weihnachtsausstellung zeigt historische Nussknacker, Räuchermännchen, Weihnachtspyramiden, Engel und Bergmänner und die Ausstellung »Volkskunst mit Augenzwinkern« präsentiert die besten Exponate zeitgenössischer Volkskunst.

Ehrenfriedersdorf ⇒ D7

Ehrenfriedersdorf ist vor allem wegen seines **Besucherbergwerkes** sehenswert, dass sehr erlebnisreiche Führungen veranstaltet, bei denen man auch mal selbst einen Steinbrocken aus dem Berg heraushauen darf. Eine Seilfahrt-

Burg Scharfenstein beherbergt ein Weihnachts- und Spielzeugmuseum

anlage bringt die Besucher 100 Meter in die Tiefe. Zum Besucherbergwerk gehört auch ein kleines mineralogisches Museum.

🏛 **Besucherbergwerk Ehrenfriedersdorf**
Am Sauberg 1
09427 Ehrenfriedersdorf
✆ (03 73 41) 25 57
www.zinngrube.de
Touristikführungen Sa/So und Schulferien 11, 13 und 15 (Dauer 1,5 Std., Mindestalter 6 Jahre), Erlebnisführungen tägl. außer Mo 10 und 14 Uhr (Dauer 3 Std., Mindestalter 10 Jahre)
Touristikführung € 11/7, Erlebnisführung € 17/11

Ausflug:

Greifensteine ➡ D7
Die Greifensteine sind sieben hochaufragende Felsen im Waldgebiet in der Nähe von Ehrenfriedersdorf. Sie sind nicht nur beliebt bei Kletterern, sondern auch bei den Besuchern der zahlreichen Veranstaltungen auf der Naturbühne bei den Greifensteinen (www.greifensteine.com). Auf die Felsformation führt eine sichere Treppe.

ℹ **Touristinformation Greifensteine**
Greifensteinstr. 44
09427 Ehrenfriedersdorf
✆ (03 73 46) 68 70
www.greifensteine.de

Grünhainichen ➡ C8
Nicht weit von Zschopau liegt die kleine Ortschaft Grünhainichen, die nach Seiffen das zweitwichtigste Zentrum der Holzspielwarenherstellung im Erzgebirge ist und deren Handel mit Spielzeugen seit dem 17. Jahrhundert ihr die Beinamen »Klein-Leipzig« und »Das Engeldorf« eingebracht hat. Bis heute haben hier die Un-

Zwischen hohen Fichten im Erlebniskletterwald Greifensteine

ternehmen Wendt & Kühn KG und C. Blank Kunsthandwerk ihren Hauptsitz, die unter anderem die berühmten Engelsfiguren in mühsamer Handarbeit anfertigen. Während der Schautage sind Besucher eingeladen, den Kunsthandwerkern bei ihrer Arbeit über die Schulter zu sehen. Weitere Anziehungspunkte sind eine große **Freilandspieldose** auf dem Marktplatz und das **Museum Erzgebirgische Volkskunst** mit sehenswerten Exponaten historischer Holzspielzeuge.

🏛 **Museum Erzgebirgische Volkskunst**
Chemnitzer Str. 20 a
09579 Grünhainichen
✆ (03 72 94) 965 55
Sa–Di 13–15.30 Uhr

»Engelsorchester« aus dem »Engelsdorf« Grünhainichen

🔭👁 **Wendt & Kühn KG**

Chemnitzer Str. 40, Grünhainichen
✆ (03 72 94) 862 86
www.wendt-kuehn.de
Öffnungszeiten Laden: Mo–Fr
9–17, Sa 11–16, So 13–16 Uhr
Schautage an Himmelfahrt und
am 1. Adventswochenende

🔭👁 **C. Blank Kunsthandwerk**

Lengefelder Str. 1
Grünhainichen
✆ (03 72 94) 17 10
www.blank-engel.de
Fachgeschäft »Kunststube Blank«
Mo–Fr 9–18, Sa 10–16, So 13–16,
Nov./Dez. Sa 10–17, Advents-
sonntage 10–17 Uhr, Juli/Aug. So
geschl., Schautage während des
Pyramidenfestes am 2. Advent

Jahnsdorf ➡ C7

Auch die Ortschaft Jahnsdorf ist
einen Umweg wert, denn hier fer-
tigt die Töpferei Heyde – eine der
beliebtesten Töpfereien der Region – wunderschöne Gebrauchs-
keramik an, die sich sowohl für
den Eigengebrauch als auch als
Geschenk eignet. Insgesamt hat
man die Auswahl zwischen rund
700 einzigartigen Keramikpro-
dukten unterschiedlicher Stil-
richtungen, denn ungefähr 20
Töpfermeister aus der Umgebung
sind hier mit ihren Produkten vertreten. Nicht nur für Kinder gibt
es am Wochenende die Mög-
lichkeit, eigene Kreationen zu
erschaffen und diese gegen ein
kleines Entgelt mit nach Hause
zu nehmen. Überdies bietet das
Galeriecafé in der oberen Etage
neben Kaffee und Kuchen auch
reichhaltige Mahlzeiten.

🔭🍽🎨 **Töpferei Heyde**

Chemnitzer Str. 61
09387 Jahnsdorf
✆ (037 21) 220 17
www.heyde-keramik.de
Werkstatt Mo–Sa 9–18, So 11–18,
Töpfercafé tägl. 11–18 Uhr (€)

Jöhstadt ➡ E8

Unmittelbar an der tschechischen
Grenze liegt die Kleinstadt Jöhstadt, die von den tiefen Wäldern
des Preßnitz- und Schwarzwasser-
tals umgeben ist und sich außer-
ordentlich gut als Ausgangspunkt
für Wanderungen im Sommer
oder für Langlauftouren im Winter eignet.

🏛 **Andreas-Gegentrum-Stolln**

An der S265 zwischen Schmalz-
grube und Steinbach
✆ (03 73 43) 211 88
www.andreas-gegentrum-stolln.de
Mo–Fr nur nach Voranmeldung,
Sa/So 10–16 Uhr
Eintritt inkl. Führung € 4/2
Auch in Jöhstadt wurde lange Zeit
Silber-, Kobalt- und Kupfererz ab-
gebaut, wie man heute noch im
1748 aufgeschlossenen Andreas-
Gegentrum-Stolln, der zu einem
Besucherbergwerk umgestaltet
wurde, erkennen kann.

🚂 **Preßnitztalbahn**

www.pressnitztalbahn.de
Die 1892 erbaute Schmalspurbahn wurde 1980 stillgelegt und
in den 1990er-Jahren als Muse-
umsbahn wiederhergestellt. Angetrieben werden die Waggons
mit historischen Dampf- und Die-
sellokomotiven.

Lößnitz ➡ D6

Die kleine Stadt Lößnitz liegt
an der historischen Salzstraße
von Halle nach Prag. Ein Ausflug dorthin ist vor allem wegen
der historischen Altstadt mit der
1826 eingeweihten St. Johan-
nis-Kirche lohnenswert. In der
Kirche erklingt dreimal täglich
um 7.10, 12.10 und je nach Jahreszeit zwischen 18 und 20 Uhr
das älteste Bronze-Glockenspiel
Deutschlands. Außerdem gibt es
hier einen reizvollen Wanderweg
entlang der Salzstraße bis nach
Grünhain. Ein weiterer Wander-

weg führt in das drei Kilometer entfernte Kuttental, wo sich im 16. Jahrhundert eine Bergmannssiedlung befand.

☒ Gasthof Pension Dreihansen

Dreihansner Str. 8, 08294 Lößnitz
✆ (037 71) 357 41
www.gasthof-pension-dreihansen.de
Mi–Fr 11–14 und ab 17, Sa/So ab 11 Uhr
Klassische gutbürgerliche Küche sowie erzgebirgische Kost zu moderaten Preisen. €

Marienberg ➡ D8/9

Die Bergstadt Marienberg ist schon aufgrund ihrer Lage ein idealer Ausgangspunkt für Entdeckungstouren ins Erzgebirge. Nach reichen Silbererzfunden wurde sie im Jahr 1521 auf Veranlassung des Herzogs Heinrich des Frommen von Sachsen gegründet und gilt bis heute als einzige noch erhaltene Idealstadtanlage der Renaissance nördlich der Alpen. Entworfen wurde die Stadt mit ihrem zentralen, quadratischen Marktplatz und dem rechtwinkligen Straßensystem von Ulrich Rülein von Calws, der auch die erste wissenschaftliche Abhandlung über Bergbau in Deutschland verfasst hat. Unübersehbare

Hauptkirche der 15 000 Einwohner zählenden und in etwa 610 Meter Höhe liegenden Stadt ist die **St. Marienkirche.** Die zwischen 1558 und 1564 erbaute Hallenkirche war von Anfang an evangelisch-lutherisch geweiht. Als jüngste der drei spätgotischen Hallenkirchen im Erzgebirge vereinigt sie sowohl Elemente der Gotik als auch der Renaissance.

ⓘ Tourist-Information

Markt 1, 09496 Marienberg
✆ (037 35) 60 22 70
www.marienberg.de
Mo–Fr 10–16.30, Sa 10–12 Uhr

🏛 Museum sächsisch-böhmisches Erzgebirge

Bergmagazin Marienberg
Am Kaiserteich 3, Marienberg
✆ (037 35) 668 12 90
www.marienberg.de
Tägl. außer Mo 13–17 Uhr
Eintritt € 3,50/2,50
Das 2006 eröffnete Museum begrüßt seine Besucher unter dem Motto »Erzgebirge – Biografie einer Region« und präsentiert eine grenzüberschreitende Ausstellung im wörtlichen Sinne, nämlich das Alltagsleben und die Volkskultur der sächsischen und böhmischen Bevölkerung im deutschen und tschechischen Erzgebirge. Darüber hinaus in-

Open-Air-Dampffahrt: die Preßnitztalbahn verkehrt zwischen Steinbach und Jöhstadt

Im Sommer wie im Winter einen Ausflug wert: eine Fahrt mit der Fichtelberg Schwebebahn oder …

formiert die Ausstellung über die Geschichte Marienbergs und des Gebäudes, denn das zu Beginn des 19. Jh. als Getreidespeicher errichtete Bergmagazin ist einer der bedeutendsten Bauten der Stadt.

St. Marienkirche

Marien-, Ecke Herzog-Heinrich-Straße, Marienberg
☏ (037 35) 222 38
www.st-marien-marienberg.de
Mo–Fr 10–17, Sa/So 13–16.30 Uhr
Eintritt frei

St Pferdegöpel ➡ D8

Lautaer Hauptstr. 12, Lauta
☏ (037 35) 60 89 68
www.marienberg.de
Tägl. außer Mo 10.30–16.30, Führungen 11, 13, 15, mit Pferden Sa/So 13, 15 Uhr, in den Schulferien auch Mi, Eintritt € 4/3
Seit 2006 ist der restaurierte Pferdegöpel auf dem Lautaer Rudolphschacht wieder für Besucher zugänglich, in Schauvorführungen kann man erleben, wie die Förderanlage, die von 1838 bis 1877 in Betrieb war, funktioniert.

✗ Oma's Kartoffelhaus

Zschopauer Str. 19, Marienberg
☏ (037 35) 66 06 77
www.omas-kartoffelhaus.de
Di 17.30–23, Mi/Do 11.30–14 und 17.30–23, Fr 17–24, Sa/So 11.30–14.30 und 17.30–24 Uhr
Urige Gaststätte, in der es eine riesige Auswahl an Kartoffelgerichten aus aller Welt gibt. Kein Tisch sieht wie der andere aus, unter anderem dient eine alte Kutsche als Sitzplatz. €

🌊 Erlebnisbad Aqua Marien

Am Lautengrund 5, Marienberg
☏ (037 35) 680 80
www.aquamarien.de
Tägl. 10–22 Uhr
Eintritt Badelandschaft € 8/5,50 (1,5 Std.), € 9/6,50 (2 Std.)
Das größte und attraktivste Freizeitbad im mittleren Erzgebirge bietet neben Wellenbecken mit Strömungskanal diverse Spaß-Rutschen an. Darüber hinaus gibt es einen Saunabereich und eine Wellness-Abteilung.

🎺 Große Bergparade

Die Große Bergparade findet immer am 3. Adventssonntag statt.

❼ Oberwiesenthal ➡ F7/8

Das 2500 Einwohner zählende Oberwiesenthal ist nicht nur die höchstgelegene Stadt Deutschlands, sondern liegt auch am Fuße des höchsten Bergs Sachsens, des 1215 Meter hohen **Fichtelbergs**, und betreibt zudem nach wie vor die älteste deutsche **Seilschwebebahn**, die seit Dezember 1924 Gäste auf den Fichtelberg und wieder herunter befördert. Vor allem in der kalten Jahreszeit finden zahlreiche Urlaubsgäste den Weg hierher, wo es entweder am Fichtelberg oder am benachbarten, 1244 Meter hohen Keilberg auf tschechischer Seite Loipen, Pisten und Lifte im Überfluss gibt. Im Sommer kann man von Oberwiesenthal aus Wanderungen durch unberührte Wälder und Hochmoore unternehmen. Zu jeder Jahreszeit lohnt sich ein Besuch des **Fichtelbergplateaus** mit einem Hotel, einer alten Wetterwarte und dem Schanzenareal.

ℹ️ Gästeinformation
Markt 8
09484 Kurort Oberwiesenthal
✆ (03 73 48) 15 50 50
www.oberwiesenthal.de

🚋 ⑧ Fichtelbergbahn ➜ E/F7/8
www.fichtelbergbahn.de
Mehrmals täglich zuckelt die romantische Schmalspurbahn auf einer Spurweite von 750 mm zwischen Cranzahl und Oberwiesenthal hin und her. Für die gut 17 km benötigt sie bei einem Durchschnittstempo von 25 km/h und einem Höhenunterschied von 238 m ungefähr eine Stunde. Sechs Brücken werden überquert, unter anderem auch das stählerne Hüttenbachviadukt bei Oberwiesenthal.

🚡 Fichtelberg Schwebebahn ➜ F7
Vierenstr. 10, Oberwiesenthal
✆ (03 73 48) 127 61
www.fichtelberg-ski.de

⚔ 🛏 Hotel & Restaurant »Zum Alten Brauhaus« ➜ F7/8
Brauhausstr. 2, Oberwiesenthal
✆ (03 73 48) 86 88
www.hotel-zum-alten-brauhaus.de
Im Restaurant der ehemaligen Brauerei werden gutbürgerliche Küche und typisch erzgebirgische Speisen serviert. Bei schönem Wetter ist der Biergarten mit Blick auf den Fichtelberg geöffnet. €€

🎿 Vereinigte Skischule Oberwiesenthal
Vierenstr. 10a, Oberwiesenthal
✆ (03 73 48) 86 19
www.skischuleoberwiesenthal.de
Wer sich noch nicht so sicher auf den Brettern fühlt, kann hier an einem Kurs teilnehmen.

Oelsnitz ➜ C6
Die kleine Stadt unweit von Stollberg ist vor allem deshalb einen Besuch wert, weil hier – oder besser gesagt im Lugau-Oelsnitzer Revier – von 1844 bis 1971 Steinkohle gefördert wurde. Weltweite Bekanntheit erlangte Oelsnitz Ende des 19. Jahrhunderts, als die durch den Bergbau verursachten Bergschäden zu Bodensenkungen von mehr als 17 Metern führten

… der Schmalspurbahn hinauf zum Fichtelberghaus

und zahlreiche Gebäude im Ortskern abgerissen werden mussten.

 Bergbaumuseum
Pflockenstr. 28
09376 Oelsnitz/Erzgeb.
✆ (03 72 98) 939 40
www.bergbaumuseum-oelsnitz.de
Tägl. außer Mo 10–17, Führungen um 11, 13.30 und 16 Uhr (Dauer 1,5 Std.), Eintritt € 5,80/2,90
Das unbedingt sehenswürdige, mit mehreren Ausstellungen ausgestattete Bergbaumuseum Oelsnitz/Erzgebirge gehört zu den besten und größten Bergbaumuseen Sachsens und befindet sich in den denkmalgeschützten Räumlichkeiten des 1975 geschlossenen Kaiserin-Augusta-Schachts. Unter anderem kann man hier in einem originalgetreu nachgebauten Schaubergwerk die größte noch funktionierende Dampfmaschine Sachsens in Aktion erleben. Ganz neu ist eine Ausstellung über fossile Funde aus den Zwickau-Oelsnitzer Kohlegruben mit einem nachgebildeten Steinkohlenwald, der Besucher sich besser vorstellen lässt, wie die Pflanzenwelt im Zeitalter des Karbon vor 300 Millionen Jahren ausgesehen haben könnte.

Olbernhau ➡ D10

Die Stadt Olbernhau, die am Fluss Flöha liegt und sich idyllisch über sieben Täler erstreckt, ist bekannt für ihre historische **Saigerhütte** im Ortsteil Grünthal, die zu den besterhaltensten frühindustriellen Produktionsstätten Deutschlands gezählt wird. Sie wurde im Jahre 1537 errichtet und hauptsächlich zur Gewinnung von Kupfer und Silber genutzt. Von den ehemals vier Hammerwerken, in denen unter anderem das Dachkupfer für die Dresdner Frauenkirche, den Ulmer Münster und den Wiener Stephansdom angefertigt wurde, ist ein sehr gut erhaltenes übrig geblieben. Nach wie vor existieren insgesamt noch 22 historische Gebäude, die auch ein sehenswertes Museum und eine Schauwerkstatt beherbergen. Darüber hinaus lohnt sich

Jens Weißflog

Eine der bekanntesten Persönlichkeiten des Erzgebirges ist der Skispringer Jens Weißflog. Er ist der einzige Sportler, der die Vierschanzentournee, den prestigeträchtigsten Wettbewerb im Skispringen neben den Olympischen Spielen und der Nordischen Skiweltmeisterschaft, viermal gewinnen konnte. Geboren 1964 in Pöhla im Erzgebirge, kann er zudem darauf

Die Fichtelbergschanze, Hausschanze des mehrfachen Olympiasiegers und Weltmeisters Jens Weißflog in Oberwiesenthal

verweisen, zweimal Weltmeister und dreimal Olympiasieger geworden zu sein. Darüber hinaus gewann er auch eine Silbermedaille und gilt damit als einer der erfolgreichsten deutschen Sportler der letzten Jahrzehnte. Seine Laufbahn begann der früher wegen seiner schmächtigen Figur auch als »Flo vom Fichtelberg« bezeichnete Erzgebirgler am Fichtelberg bei Oberwiesenthal, wo er seit seinem Rückzug aus dem Sport 1996 ein Apartementhotel betreibt.

in Olbernhau auch ein Besuch des **Museum Olbernhau**, das sich in einem alten Rittergut aus dem 17. Jahrhundert befindet. Es informiert nicht nur über die Geschichte der Stadt und ihrer Umgebung, sondern präsentiert in seiner Ausstellung auch eine 3,20 Meter hohe und auf fünf Ebenen mit geschnitzten Figuren bestückte Pyramide sowie historische mechanische Berge, die die Landschaft des Erzgebirges in Miniaturformat zeigen.

Erzwaage in der ehemaligen Saigerhütte in Olbernhau-Grünthal

ℹ️ Tourist-Service
Grünthaler Str. 5
09526 Olbernhau
✆ (03 73 60) 68 98 66
www.olbernhau.de
Mo/Di und Do/Fr 10–18, Mi 10–13 Uhr

🏛 Museum Olbernhau
Markt 7, Olbernhau
✆ (03 73 60) 721 80
www.museum-olbernhau.de
Di–Fr 10.30–16.30, Sa/So 12–16.30 Uhr, Eintritt € 3/2

🏛 Museum Saigerhütte
In der Hütte 10, OT Grünthal
✆ (03 73 60) 733 67
www.saigerhuette.de
März–Dez. tägl. außer Mo 9.30–16.30 Uhr, Eintritt € 4/2

✖ Hüttenschänke
In der Hütte 4 und 9, OT Grünthal
✆ (03 73 60) 78 70
www.saigerhuette.de
Tägl. ab 11 Uhr
Das Restaurant des Hotels Saigerhütte zeichnet sich durch eine moderne, junge Küche aus, die auch regionaltypische Speisen serviert. €€

Pobershau ➡ D9
Auch der staatlich anerkannte Erholungsort Pobershau ist seit Anfang 2012 ein Ortsteil von Marienberg. Die 2000 Einwohner zählende Ortschaft strahlt mit ihren zahlreichen Sehenswürdigkeiten und ihrer idyllischen Lage im Tal der Roten Pockau eine große Anziehungskraft aus. Der etwas abgelegene Ortsteil Hinterer Grund liegt dagegen im Tal der Schwarzen Pockau, dem sogenannten ❾ **Schwarzwassertal**, einem der schönsten Flusstäler im ganzen Erzgebirgsraum.

Der Eisen-, Zinn- und Silbererzbau seit Beginn des 16. Jahrhunderts hinterließ auch in Pobershau zahlreiche Bergstollen, die heute Besuchern zum Teil offen stehen und überdies noch interessante Ausstellungen präsentieren. Innerhalb der Ortschaft sind unter anderem der **Aussichtsfelsen »Blauer Stein«**, die **Göpelpyramide** in der Ortsmitte und der **mechanische Heimatberg »A Stück'l Haamit«** im Haus des Gastes sehenswert.

ℹ️ Gästebüro
Ratseite Dorfstr. 68
09496 Pobershau
✆ (037 35) 234 36
www.pobershau.de
Mo–Fr 9–12.30 und 13–16.30, Sa/So 13–17 Uhr in der Schnitzausstellung »Die Hütte«, Rathausstr. 10

🏛 Schaubergwerk »Molchner Stolln«

Amtsseite Dorfstr. 67
Pobershau
✆ (037 35) 625 22
www.molchner-stolln.de
Tägl. 9–16 Uhr, Eintritt € 5/3
Der bereits 1934 zum Schaubergwerk umgebaute Stollen macht die Geschichte des Bergbaus in Pobershau erlebbar. Besondere Sehenswürdigkeit ist das Kunstgezeug im Reichelschacht, eine Wasserhebetechnik aus dem 16. Jh.

🖼🏃 Naturschutzstation Pobershau

Amtsseite Hinterer Grund 4 a
Pobershau
✆ (037 35) 66 81 20 oder -11
www.naturschutzstation-pobershau.de, tägl. 9–12, Do 9–17 Uhr
Die Naturschutzstation Pobershau gibt nicht nur Hinweise und Tipps für Wanderungen durch das Schwarzwassertal – darunter eine besonders schöne, 8 km lange Wanderung – sondern hat überdies auch noch einen sehr empfehlenswerten Naturerlebnispfad angelegt, der Besucher über die Natur im mittleren Erzgebirge informiert.

🖼🏃 ⑨ Schwarzwassertal ➡ D9

Für Naturfreunde ist ein Ausflug ins Schwarzwassertal ein Muss, vor allem die Gegend zwischen Kühnhaide und der Kniebreche zählt zu den schönsten deutschen Mittelgebirgstälern. In diesem Abschnitt wurde nämlich auf einer Länge von ca. 8 km die Kammhochfläche durchbrochen und ein Flusstal mit markanten Felsgebilden geschaffen. Schroffe Felsformationen, Steinhalden und zufließende Quellbäche erzählen von der geologischen Geschichte des Erzgebirges.

Satzung ➡ E9

Das Dorf Satzung ist eigentlich ein Ortsteil von Marienberg, der zwölf Kilometer von der Stadt entfernt direkt an der tschechischen Grenze am Südhang des **Hirtsteins** liegt. Die Besonderheit von Satzung ist nicht nur seine ideale Lage, die sich für Ausflüge ins tiefste Erzgebirge – auch auf die tschechische Seite – hervorragend eignet, sondern auch die Tradition der Glasherstellung. Eine Glasmanufaktur gibt es mittlerweile nicht mehr, dafür aber zumindest vier Glasgraveure, denen man in Schauwerkstätten bei ihrer Arbeit über die Schulter schauen kann. Sehenswert ist auch die **Dorfkirche**, die als höchstgelegenste evangelische Dorfkirche Deutschlands gilt und im Jahr 1573 eingeweiht wurde. Ihr heutiges Aussehen erhielt sie im Rahmen einer Umgestaltung zwischen 1754 und 1756.

Das Schwarzwassertal bei Marienberg

Das Schwarzwassertal oder Tal der Schwarzen Pockau zählt zu den schönsten deutschen Mittelgebirgstälern

⚐ ◉ Hirtstein und »Basaltfächer«

www.satzung-erzgebirge.de

Ein Ausflug auf den 891 m hohen Hirtstein – ein erloschener Vulkan – lohnt sich vor allem bei klarem Wetter, da dann freie Sicht bis nach Prag gegeben ist. Überdies sollte man nicht vergessen, den sogenannten »Basaltfächer« auf dem Hochplateau in der Nähe des Ausflugsrestaurants »Hirtsteinbaude« in Augenschein zu nehmen, zählt er doch zu den 77 wichtigsten Geotopen Deutschlands und weist die Form einer überdimensionalen Blume oder eines Palmwedels auf. Im Winter zählt der Berg neben dem Auersberg und um den Fichtelberg-Keilberg-Massiv zu den besten Skigebieten des Erzgebirges.

Scheibenberg ⮕ E7

Die Kleinstadt Scheibenberg liegt am Fuße des 807 Meter hohen Scheibenbergs und wurde 1522 gegründet, nachdem große Silbervorkommen in der Umgebung entdeckt worden waren. Bekannteste Persönlichkeit der Stadt ist der Pfarrer und Chronist Christian Lehmann, der hier von 1611 bis 1688 lebte und umfangreiche Chroniken über die Geschichte des Erzgebirges, vor allem über das Alltagsleben seiner Bewohner verfasste.

Einen Besuch wert ist vor allem der zwei Kilometer lange **Basaltpfad Scheibenberg**, der an hohen Basaltsäulen vorbeiführt. Von dem als »Orgelpfeifen« bekannten Naturkunstwerk geht der Pfad weiter bergauf bis zum Gipfel des Scheibenbergs, auf dem ein Berggasthof zur Rast einlädt und ein 28 Meter hoher Aussichtsturm einen herrlichen Panoramablick auf die Umgebung bietet.

Schlettau ⮕ E7

Die Ortschaft Schlettau liegt direkt an der Bundesstraße 101 zwischen Schwarzenberg und Annaberg-Buchholz und ist vor allem wegen ihres sehenswerten Schlosses einen Besuch wert. **Schloss Schlettau** gilt als eines der bedeutendsten Baudenkmäler an der Silberstraße und wurde nach aufwendiger Restaurierung 2006 mit einem Museum und einer Tourist-Information wiedereröffnet. Das Hauptgebäude geht auf einen gotischen Palast aus dem 14. Jahrhundert zurück und wurde um 1900 mit neogotischen Elementen bestückt. Es ist von weiteren historischen Gebäuden und von einem romantischen Park mit zwei Teichen umgeben.

🛈 👁 🏛 **Schloss Schlettau & Tourist-Information**
Schlossplatz 8, 09487 Schlettau
✆ (037 33) 660 19
www.schloss-schlettau.de
Di–Fr 10–17, Sa 14–17, So 13–17 Uhr

Sehmatal ➡ E7/8
Die drei ehemaligen Waldhufendörfer Sehma, Cranzahl und Neudorf liegen alle an der Sehma im Sehmatal und haben sich 1999 zur Gemeinde Sehmatal zusammengeschlossen. Sie alle bilden hervorragende Ausgangspunkte für Wanderungen rund um den Fichtelberg. Die ⑧ **Fichtelbergbahn** macht auch in Neudorf halt und endet bzw. beginnt in Cranzahl (vgl. S. 59).

🏛 **Neudorfer Suppenmuseum**
Karlsbader Str. 173, Neudorf
✆ (03 73 42) 160 45
www.suppenmuseum.de
Mo–Fr 10–16, Sa 14–16 Uhr
Eintritt € 1,50/0,30
Da Neudorf den Beinamen »Suppenland« trägt, darf natürlich auch ein Suppenmuseum nicht fehlen. Alle möglichen Hintergrundinformationen zum Thema werden hier gegeben. Höhe-

Zur Erfrischung der Wanderer am Fichtelberg

punkt des Jahres in Neudorf ist seit 1992 das jährlich stattfindende Suppenfest.

👓 👁 **Schauwerkstatt »Zum Weihrichkarzl«**
Karlsbader Str. 187–189, Neudorf
✆ (03 73 42) 14 93 90
www.weihrichkarzl.de
Ladengeschäft und Kurzführungen (auf Anfrage ohne Voranmeldung) Mo–Fr 10–18, Sa 10–17 Uhr, Kurse nach Vereinbarung
Hier kann man nicht nur die bekannten Räucherkerzen der Firma Huss erwerben, sondern auch selbst Hand bei der Produktion anlegen.

Stollberg ➡ C6
Am nordwestlichen Rand des Erzgebirges gelegen, wird Stollberg oft als das Tor zum Erzgebirge bezeichnet. Es bildet seit jeher den Mittelpunkt einer historischen Kulturlandschaft, denn hier kreuzten sich mit dem Böhmischen Steig, der von Altenburg nach Prag führte, und der Chemnitzer Straße, die die gleichnamige Stadt mit Dresden verband, zwei wichtige Handelsstraßen. Die bedeutendsten Sehenswürdigkeiten der Stadt sind der **Kulturbahnhof**, das **Rathaus**, das **Carl-von-Bach-Gymnasium**, das **Carl-von-Bach-Haus**, die Mitte des 17. Jahrhunderts erbaute **St. Jakobikirche** und die **Marienkirche**.

👁 **Gefängnis Schloss Hoheneck**
An der Stalburg 6
09366 Stollberg
✆ (03 71) 48 18 33 80
www.hoheneck.com
Führung nur nach Vereinbarung, € 10/5
Unübersehbar über der Stadt thront das mächtige Schloss Hoheneck, das 1244 erstmals urkundlich unter dem Namen Staleburgk erwähnt wurde. Nach mehreren Umbauten wurde das Gebäude ab 1862 als Zucht- und Justiz-

vollzugsanstalt genutzt. Traurige Berühmtheit erlangte das Schloss, weil es zu DDR-Zeiten als großes Frauengefängnis genutzt wurde und berüchtigt für seine katastrophalen Haftbedingungen mit Dunkel- und Wasserzelle war.

🏛 Dauerausstellung »Politische Haft in Hoheneck«
Schillerplatz 2
Stollberg
☎ (03 72 96) 22 37
www.stollberg-erzgebirge.de
Mo 10–12 und 14–17, Di und Do 12–18, Fr 10–12, Sa 9–12 Uhr oder nach vorheriger Absprache
In der Stollberger Stadtbibliothek informiert die Dauerausstellung »Politische Haft in Hoheneck« der Stiftung Sächsische Gedenkstätten über das ehemalige DDR-Frauengefängnis auf Schloss Hoheneck.

☒ Casa Rustica
Hauptmarkt 9, Stollberg
☎ (03 72 96) 842 20
www.bühlers-restaurant.de
Mai–Mitte Okt. Di/Mi 11–14, Do–So 11–14 und 17.30–21, Mitte Okt.–April tägl. außer Mo 11–14 und 17.30–21 Uhr
Hier gibt es klassische Schweizer Küche wie beispielsweise Züricher Geschnetzeltes, Walliser Raclette oder Rösti Provencale. €€

Thalheim ➡ C7
Das 7000 Einwohner zählende Städtchen Thalheim erstreckt sich im malerischen Zwönitztal und ist aus einem Waldhufendorf, das Ende des 12. Jahrhunderts gegründet wurde, entstanden. Im 17. Jahrhundert wurde in dem 450 Meter über dem Meeresspiegel gelegenen Ort Arsenkies (Arsenopyrit), der aus Arsen, Eisen und Schwefel besteht, abgebaut. Da er von besonderer Güte war, erhielt er später sogar den Sondernamen »Thalheimit«. Seit 1998 ist der »Wille Gottes Stolln«,

in dem das Mineral abgebaut wurde, wieder für Besucher zugänglich, nachdem er jahrzehntelang verschüttet gewesen war – ein Verdienst des 1994 gegründeten Bergbauvereins Thalheim e. V. In der Nähe lädt eine Schutzhütte Wanderer zum Verweilen ein, die rund um das waldreiche Thalheim herrliche Möglichkeiten finden werden, ihrem Hobby zu frönen. Immerhin gut 50 Kilometer umfasst das Netz der markierten Wanderwege.

⛏ Bergwerk »Wille Gottes«
Infos und Anmeldung bei Klaus Schröpel, Bahnhofstr. 3 a
09380 Thalheim
☎ (037 21) 851 57, bergbauverein@thalheim-erzgeb.de
Eintritt frei, Spende willkommen

☒ Ratskeller
Hauptstr. 5, Thalheim
☎ (037 21) 27 37 30
www.ratskeller-thalheim.de
Tägl. 11–14, außerdem tägl. außer Mi ab 17.30 Uhr
Familienbetriebenes Gasthaus mit gutbürgerlicher Küche. In den warmen Jahreszeiten hat bei gutem Wetter auch die Terrasse geöffnet. €

♨ ⛲ Erzgebirgsbad Thalheim
Stadtbadstr. 14, Thalheim
☎ (037 21) 433
www.erzgebirgsbad.de
Hallenbad und Sauna tägl. 10–21 (Mo Frauensauna, nicht während der sächsischen Schulferien, aber während der Sommerferien), Freibad in der Sommersaison 9–19 Uhr
Hallenbad € 8,50/6,10 (2,5 Std.), Sauna € 11,60/9,20 (2,5 Std.)
Das 1996 erbaute Erzgebirgsbad lockt mit seinem 25-m-Becken und seinem warmen Solebecken im Außenbereich Besucher aus allen Teilen Sachsens. Für Kinder sind besonders die langen Rutschen ein großer Spaß.

Thermalbad Wiesenbad ➡ D8

Das Thermalbad Wiesenbad besteht aus den ehemaligen Waldhufendörfern Neundorf, Wiesa, Schönfeld und dem Thermalbad und liegt im romantischen Tal der Zschopau. Für Besucher ist es vor allem wegen seiner modernen Kurklinik interessant. Die dazugehörige Thermalquelle wurde schon vor über 500 Jahren entdeckt, ihr Wasser soll vor allem bei Erkrankungen des Haltungs- und Bewegungsapparats helfen.

ℹ **Kurklinik Information**
Freiberger Str. 33
09488 Thermalbad Wiesenbad
✆ (037 33) 50 40
www.wiesenbad.de

🎮 🚂 **Modellbahnland Erzgebirge**
Mittelweg 4, Schönfeld
Thermalbad Wiesenbad
✆ (037 33) 59 63 57
www.modellbahnland-erzgebirge.de, tägl. außer Mo 10–17 Uhr
Eintritt € 8/4,50
Ganz Annaberg-Buchholz und Umgebung in Miniaturformat lässt sich hier ziemlich detailgetreu auf 770 m² und im Maßstab 1:32 bewundern. 30 Züge fahren auf einer Schienenlänge von insgesamt 660 m durch etliche Tunnel und über zahlreiche Brücken. Ein Muss für Modellbahnfans!

Wolkenstein ➡ D8

Schon der Name sagt alles über die Stadt aus: Wolkenstein erstreckt sich auf einem 70 Meter hohen Gneisfelsen oberhalb des Zschopautals rund um das **Schloss Wolkenstein**. Die 4000 Einwohner zählende Kleinstadt entwickelte sich ab dem Ende des 12. Jahrhunderts als Vorburgsiedlung, was bis heute an der in Teilen erhalten gebliebenen mittelalterlichen Stadtanlage ersichtlich ist. Die Burg selbst und die beiden

im Schloss beheimateten Museen ziehen zu allen Jahreszeiten zahlreiche Besucher an, vor allem während des Burgfestes an Himmelfahrt. Der Wohnturm und das Küchenhaus aus dem 14. Jahrhundert sind die ältesten erhaltenen Bauteile der im 13. Jahrhundert erstmals urkundlich erwähnten Anlage. Der Nord- und Südflügel sowie das Torhaus wurden erst im 16. Jahrhundert hinzugefügt.

Der zu Wolkenstein gehörende **Kurort Warmbad** macht seinem Namen ebenfalls alle Ehre, denn dort befindet sich tatsächlich die wärmste und älteste Thermalquelle Sachsens, die schon 1385 im Zusammenhang mit dem Silberbergbau entdeckt wurde.

ℹ 🏛 **Gästebüro & Museum Schloss Wolkenstein**
Schlossplatz 1, 09429 Wolkenstein
✆ (03 73 69) 871 23
www.stadt-wolkenstein.de
Tägl. außer Mo 10–17 Uhr, in den Schulferien auch Mo
Führungen 1. So im Monat 10.30, 14.30 Uhr und nach Anmeldung
Eintritt € 2/1,50
Hier wird von der Geschichte der Burg und der Stadt berichtet, außerdem wird erzgebirgische Holzkunst präsentiert.

🏛 **Ausstellung »Gerichtsbarkeit im Mittelalter«**
Schlossplatz 1, Wolkenstein
✆ (01 72) 680 64 22 (ab 17 Uhr)
www.gerichtsmuseum-wolkenstein.de, Sa/So 10–17 Uhr oder nach vorheriger Absprache
Eintritt € 1,50/1, Führungen € 2
Die Ausstellung informiert über die dreihundertjährige Gerichtsgeschichte des Schlosses Wolkenstein und zeigt unter anderem Folter- und Exekutionswerkzeuge.

🍴 **Erlebnisgasthaus Zum Grenadier**
Schlossplatz 1, Wolkenstein
✆ (03 73 69) 884 80

www.zum-grenadier.de
Mi–Fr ab 17.30, Sa/So ab 11.30 Uhr
Im Schloss beheimatet, veranstaltet das Lokal thematische Menüs wie z. B. Ritteressen. €€

Silber-Therme
Am Kurpark, Warmbad
(03 73 69) 151 15
www.warmbad.de
Thermenwelt So–Do 9–22, Fr/Sa 9–23 Uhr
Therme € 9,50 (2,5 Std.), Sauna (inkl. Therme) € 11,50
Die Silber-Therme verfügt über eine Thermenwelt mit verschiedenen Schwimmbecken, eine Saunalandschaft, Wellnessbereich und eine Physiotherapie-Abteilung.

Wolkensteiner Schweiz
Die Sächsische Schweiz ist mit ihren hochaufragenden Felsen vielleicht spektakulärer, doch auch die Wolkensteiner Schweiz kann Kletterern Aufgaben bieten, die nicht leicht zu bewältigen sind. Wer einfach nur die Aussicht genießen will, sollte vom Markt aus kommend links am Schloss Wolkenstein vorbeigehen, bis man auf die Treppen und Wege stößt, die am Hang entlangführen. Es führen auch Treppen zum Fluss hinab.

Zschopau ➜ C8
Die etwa 10 000 Einwohner zählende Stadt am gleichnamigen Fluss entstand um eine im 12. Jahrhundert errichtete Burg, die zum Schutz der Furt an der Salzstraße zwischen Halle und Prag diente und später zum noch heute bestehenden **Schloss Wildeck** umgestaltet wurde. Trotz mehrerer Stadtbrände ist die unter Denkmalschutz stehende Altstadt gut erhalten. Beachtung verdienen vor allem die **St. Martinskirche** und einige historische Bürgerhäuser. Bekannt geworden ist die Stadt wegen der Motorradfabrik DKW des Dänen Jørgen

Typisch für die Region: Die kursächsischen Postmeilensäulen bezeichnen die Gehstunden bis auf eine Achtelstunde (Wolkenstein)

Skafte Rasmussen, die um 1928 die größte Motorradfabrik der Welt war. Nach dem Zusammenschluss mit Horch, Wanderer und Audi zog das Unternehmen 1936 allerdings nach Chemnitz.

Fremdenverkehrsverein Zschopau
Altmarkt 2, 09405 Zschopau
(037 25) 28 72 87
www.zschopau-info.de

Schloss Wildeck
Schloss Wildeck 1, Zschopau
(037 25) 28 71 70
www.schloss-wildeck.eu
Tägl. außer Mi 11–17 Uhr
Eintritt € 3,50/2,50 (drei Museen), Turmbesichtigung € 1,50/0,75
Einziges und damit ältestes Bauteil aus dem 12./13. Jh. in dem auf einem Felssporn über dem Fluss thronenden Schloss ist der frei im Schlosshof stehende Wachturm »Dicker Heinrich«. Die ehemalige Burganlage wurde zwischen 1545 und 1547 auf Veranlassung des sächsischen Kurfürsten Moritz zu einem Jagdschloss im Frührenaissance-Stil umgebaut. Auch im 19.

Jh. wurden vor allem am Ostflügel einige Änderungen vorgenommen. Heute beherbergt das vorbildlich restaurierte Anwesen alle Museen der Stadt, darunter ist auch eine Motorradausstellung. Sehr zu empfehlen ist ein Spaziergang durch den historischen Schlossgarten.

Zwönitz ➡ D6

Schon etwas weiter im Süden liegt die sich zu Füßen des Geyerischen Waldes erstreckende Kleinstadt Zwönitz, die mit 550 Metern über dem Meeresspiegel zwar höher liegt als Stollberg und Thalheim, wegen ihrer wellenförmigen Landschaft aber immer noch zum Stollberger Land zu zählen ist.

Seit 1997 ist er wieder da, der **Zwönitzer Nachtwächter**, der erstmals nach einem verheerenden Brand im Jahre 1687 seine Runden drehte. Heute sorgt er in der rund 12 000 Einwohner zählenden Stadt an der Quelle des Zwönitzbachs vor allem an Wochenenden bei den Schaulustigen für gute Stimmung.

Nicht nur wegen der Aussicht, sondern auch wegen des Reiters ohne Kopf, einer von Dieter Huch erschaffenen, lebensgroßen Holzfigur, ist ein Spaziergang auf den **Ziegenberg** ein lohnenswertes Unterfangen.

🏛 **Papiermühle Niederzwönitz**
Köhlerberg 1, 08297 Zwönitz
✆ (03 77 54) 26 90
www.zwoenitz.de
Mi–Sa 10–12 und 13–17, So 12–17 Uhr, Eintritt € 3/1,50
Die 1568 erstmals urkundlich erwähnte Papiermühle Niederzwönitz ist die älteste noch funktionstüchtige Papiermühle Deutschlands und zählt zu den bedeutendsten Industriedenkmälern der Region. Bis Mitte des 19. Jh. stellte man hier noch handgeschöpftes Büttenpapier her, danach wurde die Produktion im Zuge der Industrialisierung auf Hart- und Graupappen umgestellt. Seit der Stilllegung 1973 können Besucher die historischen Produktionsanlagen besichtigen. Für die einstündige Führung wird die Anlage in Gang gesetzt und dabei der Produktionsablauf erläutert. Auch das Handschöpfen kann hautnah miterlebt werden.

🏛 **Knochenstampfe Dorfchemnitz**
Am Anger 1, Zwönitz
✆ (03 77 54) 28 66

Auf einem Felssporn über Zschopau: Schloss Wildeck

www.knochenstampfe.de
Mi–Sa 10–12 und 13–17, So 12–17
Uhr sowie nach Vereinbarung
Eintritt € 3/1,50
Das technische Denkmal dient
gleichzeitig auch als Heimatmuseum und ist in einem ehemaligen
Bauernhof mit einem schönen
Fachwerkhaus beheimatet. Hier
ist nicht nur die einzige noch
erhaltene, mit einem Wasserrad
betriebene Knochenstampfe im
gesamten Erzgebirgsraum zu
sehen, sondern auch eine kleine
Ausstellung zur traditionellen
Strumpfwirkerei und eine Sammlung historischer, mechanisch betriebener Weihnachtsberge.

Raritätensammlung Bruno Gebhardt

Rathausstr. 14, Zwönitz
℡ (03 77 54) 23 23
www.zwönitz.de
Mi–Fr 10–12 und 13–17, Sa/So
13–17 Uhr, Eintritt € 3/1,50
Der 1894 in Kühnheide als Sohn
eines Bauern geborene Bruno
Gebhardt hinterließ eine für das
Erzgebirge wohl einmalige Sammlung, die mehr als 60 Fachgebiete
umspannt. Die Ausstellungsstücke sind seit den 1990er-Jahren
in einer 1886 von der Familie
Austel gebauten Jugendstilvilla
untergebracht. Die Sammlung
umfasst unter anderem naturwissenschaftliche Gebiete, Technik,
erzgebirgische Volkskunst, Orden
und Medaillen, Numismatik und
Philatelie.

Der angrenzende Austelpark
mit seinem Parkcafé ist ein beliebtes Ausflugsziel.

Gaststätte Brauerei-Gasthof

Grünhainer Str. 15
Zwönitz
℡ (03 77 54) 599 05
www.brauerei-zwoenitz.de
Tägl. ab 11 Uhr
Hier kann man echtes Zwönitzer
Bier probieren und dazu eine deftige Mahlzeit einnehmen. €

Landgasthof Teichschänke

Dittersdorfer Str. 8, Zwönitz
℡ (03 77 54) 25 35
www.teichschaenke.de
Mo, Mi–Fr ab 17, Sa/So ab 11 Uhr
Familienbetriebenes Gasthaus
mit gutbürgerlicher Küche und
der Möglichkeit, frisch gefangene
Forellen zu verköstigen. €

Nachtwächter-Führung

℡ (03 77 54) 351 59 oder 351 53
www.zwoenitz.de, Kosten € 40
Einstündige Stadtrundgänge
mit den Nachtwächtern, die außerhalb der üblichen Dienstrunden stattfinden, werden über
die Stadtinformation vermittelt.
Ansonsten beginnen die Runden
freitags und samstags um ca.
20.30 Uhr im Hotel »Stadt Zwönitz«. Um 21.00 Uhr machen die
Nachtwächter an der kursächsischen Postmeilensäule auf dem
Marktplatz Halt. Der Rundgang
endet mit dem Abgesang vorm
Rathausturm um ca. 23 Uhr.

Osterzgebirge

Das Osterzgebirge umfasst das
Freiberger Land und reicht im Süden bis zur tschechischen Grenze.
Im Westen wird es vom Tal der
Flöha begrenzt, im Osten von der
Sächsischen Schweiz. In diesem Teil
des Erzgebirges trifft man auf ganz
unterschiedliche Landschaften.
Während die Region um **Altenberg**
noch knapp 1000 Meter hohe Berge vorweisen kann, die im Winter
Skiurlaubern gute Bedingungen
bieten, flacht das Land Richtung
Freiberg und Dresden langsam
ab. Jede Ortschaft hat hier so ihre Eigenheit, sei es eine Schmalspurbahn in **Dippoldiswalde**, die
Uhrmachertradition in **Glashütte**
oder ein Museum in **Frauenstein**.
Bekannt ist das Osterzgebirge aber
auch für seine traditionsreiche
Holzkunst, die vor allem in **Seiffen**

Räuchermännchen sind ein fester Bestandteil des Brauchtums im Erzgebirge

Zwitterstock waren jahrhundertelang die größten in Mitteleuropa. Dennoch wurde der Zinnerzbau 1991 aus wirtschaftlichen Gründen gestoppt. Heute setzt man in der knapp 9000 Einwohner zählenden Stadt vorwiegend auf den Tourismus. Mittlerweile hat sich das schneesichere Altenberg, insbesondere der Ortsteil **Geising** ➡ C12, neben Oberwiesenthal am Fichtelberg zur beliebtesten Wintersportregion im ganzen Erzgebirge entwickelt. Geising war übrigens lange Zeit eine eigenständige Stadt und wurde erst Anfang 2011 eingemeindet. Die Bedingungen mit insgesamt sieben Skiliften, 75 Kilometer Loipen und einer hochmodernen Bobbahn können kaum besser sein.

in Form von Räuchermännchen, Nussknackern oder Schwibbögen angefertigt wird.

Altenberg ➡ B12

Reichhaltige Zinnfunde im 15. Jahrhundert und die darauffolgende Ansiedlung von Bergleuten zwischen dem 905 Meter hohen Kahleberg und dem 823 Meter hohen Geisingberg gelten als Beginn der Stadt Altenberg. Die Vorkommen im sogenannten

ℹ️ **Tourist-Info-Büro**
Am Bahnhof 1
01773 Altenberg
✆ (03 50 56) 239 93
www.altenberg.de
Mo–Fr 9–17, Sa/So 9.30–14.30 Uhr

🏛️ **Bergbaumuseum Altenberg**
Mühlenstr. 2, Altenberg
✆ (03 50 56) 317 03
www.bergbaumuseum-altenberg.de

Das wildromantische Flusstal der Flöha begrenzt das Osterzgebirge im Westen

Hier wird die Geschichte des Zinnerzbergbaus dokumentiert: Bergbaumuseum Altenberg

Tägl. außer Fr 10–16 Uhr
Eintritt € 2,50/2
Das in einem alten Pochwäsche-Gebäude ansässige Museum präsentiert interessante Details aus der 550-jährigen Geschichte des Altenberger Zinnerzbergbaus. In einem 200 m langen Schaustollen werden die Arbeitsvorgänge erklärt.

🏛 **Osterzgebirgsmuseum Schloss Lauenstein**
Stadtteil Lauenstein, Altenberg
✆ (03 50 54) 254 02
www.schloss-lauenstein.de
Tägl. außer Mo 10–16.30 Uhr
Eintritt € 4/3 (im Winter € 3/2)
Hoch über einem der schönsten Täler Sachsens, dem Müglitztal, erhebt sich das Ende des 16. Jh. an der Stelle einer mittelalterlichen Burg erbaute Schloss Lauenstein. Es beherbergt das Osterzgebirgsmuseum, das in mehreren Ausstellungen über die Geschichte des Schlosses und des Osterzgebirges informiert. Eine Ausstellung hat beispielsweise die Geschichte der kursächsischen Postmeilensäulen zum Thema.

◉ **Besucherbergwerk »Vereinigt Zwitterfeld zu Zinnwald«** ➡ C12
Goetheweg 8
OT Zinnwald Georgenfeld

✆ (03 50 56) 313 44
www.besucherbergwerk-zinnwald.de
Tägl. außer Mo 10–15 Uhr
Eintritt € 7/4
Während der anderthalbstündigen Führung erlebt man hautnah, wie hart die Arbeit der Zinnbergleute gewesen sein muss.

✖🛏 **Bergglöck'l** ➡ B12
Dresdner Str. 21, Altenberg
✆ (03 50 56) 353 02
www.berggloeckl.de
Do–Mo 11–20 Uhr
Diese Pension bietet in ihrem Lokal gutbürgerliche Küche mit einigen regionalen Gerichten zu einem guten Preis-Leistungs-Verhältnis. €

🚶 **Grenzüberschreitender Bergbaulehrpfad** ➡ B/C12
Ein 40 km langer Bergbaulehrpfad führt als Ringwanderweg von Altenberg über den Ortsteil Zinnwald auf die tschechische Seite nach Cínovec und Krupka und über Geising zurück nach Altenberg. Eine interaktive Wanderkarte gibt es auf www.bergbaumuseum-altenberg.de.

🚶 **Skilifte in Altenberg und Geising** ➡ B/C12
Altenberg: Am Lifthang 3

Geising: Auf der Wache
✆ (03 50 56) 323 64 oder (066 51) 98 00
www.skilifte-geising.de
Bei geeignetem Wetter und ausreichender Schneelage tägl. 10–22 (Altenberg) und 10–20 Uhr (Geising)
Tageskarte bis 18 Uhr € 12/8 (Kinder bis 14 Jahre)
Auf oben genannter Webseite erhält man vielfältige Informationen über die Skilifte in Altenberg und im Ortsteil Geising.

Brand-Erbisdorf ➡ B9/10
Die beiden ehemals selbständigen Gemeinden Brand und Erbisdorf vereinigten sich erst im Jahr 1912. Bis dahin lebten beide recht gut vom Silberbergbau. Allein in Brand soll insgesamt ein Viertel der gesamten Silberausbeute Sachsens gewonnen worden sein. Aus diesem Grund ist es auch nicht verwunderlich, dass in der gut 10 000 Einwohner zählenden Bergstadt zahlreiche Relikte aus Bergbauzeiten zu besichtigen sind. So kann man zum Beispiel in der gut erhaltenen **Altstadt** neben mehreren Bergmannshäusern auch das 1821 erbaute **Buttermilchtor** besichtigen, das Teil eines Kunstgrabensystems war.

🛈 **Tourismusgemeinschaft Silbernes Erzgebirge e. V.**
Albertstr. 4
09618 Brand-Erbisdorf
✆ (03 73 22) 25 50
www.silbernes-erzgebirge.de
Informationsstelle für das Osterzgebirge, das Freiberger Land und das Flöha-/Zschopautal.

🏛 **Museum »Huthaus Einigkeit«**
Jahnstr. 14, Brand-Erbisdorf
✆ (03 73 22) 506 99
www.brand-erbisdorf.de
Tägl. außer Mo 8–12 und 13.30–17 Uhr, Eintritt € 2,50/1,50
Das Stadtmuseum informiert über die Stadt- und Montanhistorie von Brand-Erbisdorf.

🗙 **Ausflugslokal Zugspitze**
An der Zugspitze 15
Brand-Erbisdorf
✆ (03 73 22) 523 98
www.zugspitze-sachsen.de
Di–Fr 11.30–14 und ab 17, Sa/So ab 11.30 Uhr
Auf der höchsten Erhebung des Ortsteiles Zug – einer Halde aus Zeiten des Silberbergbaus – befindet sich das weitläufige Restaurant mit Bier- und Weingarten sowie Kinderspielplatz. Die Küche ist gutbürgerlich, die Preise liegen eher im oberen Bereich. €€

Dippoldiswalde ➡ A12
Rund 10 000 Einwohner zählt Dippoldiswalde, das nur 20 Kilometer von Dresden entfernt liegt und damit ein guter Ausgangspunkt für eine Stippvisite in die sächsische Landeshauptstadt ist. Am Naherholungsgebiet Talsperre Malter gelegen, besitzt Dippoldiswalde eine gut erhaltene **Altstadt**, in der vor allem der Markt, das Rathaus und das **Schloss** sehenswert sind.

🏛 **Lohgerbermuseum**
Freiberger Str. 18
01744 Dippoldiswalde
✆ (035 04) 61 24 18
www.lohgerbermuseum.de
Di–Fr 10–17, Sa/So 13–17 Uhr
Eintritt € 2,20/1,50
Das in einer alten Lohgerberei aus dem 18. Jh. untergebrachte Museum informiert über die Geschichte der Stadt und des Osterzgebirges.

🚂 **Weißeritztalbahn** ➡ A11/12
Dresdner Str. 280
Dippoldiswalde
✆ (03 52 07) 892 90
www.weisseritztalbahn.de
Die vom Hochwasser 2002 zu großen Teilen zerstörte, ältes-

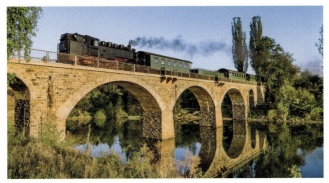

Die Weißeritztalbahn beim Überqueren des Viadukts in Malter

te öffentliche Schmalspurbahn Deutschlands konnte 2008 wieder ihren Betrieb aufnehmen. Seitdem zuckelt sie, angetrieben von einer historischen Dampflok, in 45 Minuten von Freital-Hainsberg nach Dippoldiswalde. Die ehemalige Strecke von Dippoldiswalde zum Kurort Kipsdorf soll im Jahr 2014 wiedereröffnet werden.

Frauenstein ➡ B11

Die Kleinstadt Frauenstein mit den Ortsteilen Burkersdorf, Kleinbobritzsch, Ditterbach und Nassau entstand rund um die um 1200 erbaute **Burg Frauenstein**, die heute zu Deutschlands schönsten und größten Burgruinen zählt. Erhalten ist immerhin noch ein trutziger Wohnturm aus dem 14. Jahrhundert sowie die anderthalb Meter starke Ringmauer. Darüber hinaus ist in Frauenstein vor allem das einzigartige **Gottfried-Silbermann-Museum** einen Besuch wert. Gottfried Silbermann war der bedeutendste sächsische Orgelbauer der Barockzeit und wurde am 14. Januar 1643 im Ortsteil Kleinbobritzsch geboren. Die von seiner Werkstatt erbauten Orgeln sind bis heute als Silbermann-Orgeln bekannt. Und weil Gottfried Silbermann nach wie vor der berühmteste Einwohner Frauenbergs ist, wo

er ab seinem dritten Lebensjahr lebte, hat man ihm ein Denkmal auf dem Marktplatz errichtet, etwa 100 Meter vom Museum entfernt. Das Museum selbst ist im Kreuzgewölbesaal des zwischen 1558 und 1588 erbauten Frauensteiner Schlosses beheimatet und besitzt sogar eine Kopie einer Silbermann-Orgel aus Bremen.

🏛 Gottfried-Silbermann-Museum
Am Schloss 3, 09623 Frauenstein
✆ (03 73 26) 12 24
www.silbermann-museum.de
Mai–Okt. tägl. 9–17, Nov.–April Mo–Fr 9–12 und 13–16, Sa/So 10–12 und 13–16 Uhr
Eintritt € 2,50 (inkl. Burgruine im Sommer), € 2 (ohne Burgruine im Winter)

◉ Burgruine Frauenstein
Am Schloss 3, Frauenstein
✆ (03 73 26) 12 24
Mai–Okt. tägl. 9–17 Uhr
Eintritt € 2,50 (inkl. Gottfried-Silbermann-Museum)

Glashütte ➡ B12

Die gut 7000 Einwohner zählende Stadt erstreckt sich im idyllischen Müglitztal und ist weltweit als Standort für die Herstellung von Glashütte-Uhren bekannt. Entstanden ist die Ortschaft vermut-

Taschenuhr mit Echtheitszertifikat der Uhrenmanufaktur A. Lange & Söhne aus Glashütte

lich um eine Glashütte, die bereits Anfang des 15. Jahrhunderts ihren Betrieb einstellte. Später erlebte die Ortschaft nach Silber-, Kupfer-, Eisen- und Zinnerzfunden einen Aufschwung, ab Mitte des 19. Jahrhunderts etabliert sie sich als Zentrum der deutschen Uhrenindustrie. 1990 wurde aus dem VEB Glashütter Uhrenbetriebe (GUB) die Glashütter Uhrenbetrieb GmbH, die seither Luxusuhren zum Preis von mehreren Tausend Euro anfertigt.

🏛 Deutsches Uhrenmuseum Glashütte

Schillerstr. 3a, 01768 Glashütte
☎ (03 50 53) 462 83
www.uhrenmuseum-glashuette.com
Tägl. 10–17 Uhr, Eintritt € 6/4
Das 2008 eröffnete Museum informiert die Besucher anhand von etwa 400 Exponaten und multimedialen Installationen über die Geschichte der sächsischen Uhrmacherkunst von den Anfängen im Jahr 1845 bis zur Gegenwart. Darüber hinaus geht es aber auch um das Verständnis von Zeit und um die kaum sichtbare Feinmechanik in Uhren.

Neuhausen → C10

Die Gemeinde Neuhausen liegt eingebettet ins obere Flöhatal am

787 Meter hohen Schwartenberg und entstand um das **Schloss Purschenstein**, das sich unübersehbar über der 3000 Einwohner zählenden Ortschaft erhebt. In der Mitte des 19. Jahrhunderts entwickelte sich Neuhausen zu einem Zentrum der Möbelindustrie, vor allem der Stuhlproduktion. Touristisches Highlight ist das 1994 eröffnete **Nussknackermuseum**, das mittlerweile weltweit das größte Museum seiner Art ist und auf einer Gesamtfläche von 400 m² zur Zeit über 5000 Nussknacker aus über 30 Ländern und 4 Jahrhunderten präsentiert. Hier gibt es sowohl den größten als auch den kleinsten funktionierenden Holznussknacker der Welt zu sehen, außerdem die größte Spieldose der Welt. Dem Museum ist das **Technische Museum Alte Stuhlfabrik** angeschlossen, das über die Geschichte des Stuhlbaus informiert.

ℹ️ Fremdenverkehrsamt Neuhausen

Bahnhofstr. 8, 09554 Neuhausen
☎ (03 73 61) 41 87
www.neuhausen.de
Mo–Fr 9–12 und 13–16, Sa 9–12 Uhr

🏛 Nussknackermuseum

Bahnhofstr. 20–24, Neuhausen
☎ (03 73 61) 41 61
www.nussknackermuseum-neuhausen.de
Mo–Fr 9–18, Sa/So 9–17 Uhr
Eintritt € 4/2

🏛 Glashüttenmuseum

Freiberger Str. 10, Neuhausen
☎ (03 73 61) 509 99
Mi–Fr 10–12 und 13–16.30, Sa/So 13–16.30 Uhr
Eintritt € 2/1
Ausstellung über die Geschichte des Glashüttenwesens im Erzgebirge.

🚶 Schwartenberg → D10

Eine Wanderung auf den Schwartenberg wird mit einem fantastischen Ausblick auf die umliegende Landschaft belohnt.

Oederan ➡ B8

Ein Ausflug in das 15 Kilometer von Freiberg entfernt und direkt an der Bundesstraße nach Chemnitz liegende Oederan ist nicht nur für Familien, sondern für alle Besucher der Erzgebirgsregion eine gute Möglichkeit, sich im **Miniaturpark Klein-Erzgebirge** einen Überblick über das bereits erkundete oder noch zu erkundende Gebiet zu verschaffen. Das komplette Erzgebirge lässt sich hier problemlos an nur einem Tag besichtigen, ein Highlight nach dem anderen tut sich dem Besucher in der idyllischen Umgebung des Oederaner Stadtparks auf. Kleine Details, wie beispielsweise zahlreiche handgeschnitzte Figuren, sind in liebevoller Handarbeit wiedergegeben, Züge schlängeln sich durch gewundene Täler und auch die Burgen und Schlösser sind detailgetreu dargestellt. Insgesamt kann man hier fast 200 Sehenswürdigkeiten im Miniaturformat bestaunen. Alle zusammen ergeben ein wunderbares Erzgebirgs-Panorama.

🅦🅦 **Miniaturpark Klein-Erzgebirge**
Richard-Wagner-Str. 2
09569 Oederan
✆ (03 72 92) 59 90
www.klein-erzgebirge.de
Ende März–Mai und Sept.–Anfang Nov. tägl. 10–18, Juni–Aug. tägl. 9–18 Uhr
Eintritt € 8,50/7, Kinder 4–14 Jahre € 6

Rechenberg-Bienenmühle
➡ C11
Die Geschichte dieses Ortes in der Nähe der 805 Meter hohen Steinkuppe begann wie so oft

»Handelsreisender mit Koffer« von 1920: einer von 5000 Nussknackern im Nussknackermuseum in Neuhausen

mit einer Ritterburg aus dem 13. Jahrhundert, in diesem Fall Burg Rechenberg, die über eine Wehranlage verfügt. Bekannt wurde Rechenberg 1558 durch die dort erbaute Rittergutsbrauerei, von der noch sehr viel historische Bausubstanz übrig geblieben ist. Da 1995 eine neue Brauerei errichtet wurde, konnte die alte erhalten und 2002 in den Räumlichkeiten das **Sächsische Brauereimuseum Erzgebirge** eröffnet werden, in dem Besucher erfahren, wie früher das Rechenberger Bier gebraut wurde.

Der Ortsteil **Holzhau**, unweit der Steinkuppe gelegen, gehört übrigens zu den beliebtesten Skigebieten in Mittelsachsen und bietet gute Bedingungen für Ski alpin und Langlauf.

🏛 **Sächsisches Brauereimuseum**
An der Schanze 3, 09623 Rechenberg-Bienenmühle
✆ (03 73 27) 880 15
www.museumsbrauerei.de
Führungen Di–Fr 11 und 14, Sa/So 11, 13 und 15 Uhr
Eintritt € 6,50/3 (inkl. Getränk und Snack)

Sayda ➡ C10

Die 2300 Einwohner zählende Kleinstadt Sayda war früher eine bedeutende Stadt an der Kreuzung der Salzstraße von Prag nach Halle mit der Silberstraße. Auch aufgrund dieser besonderen Lage wurde die Stadt im Laufe der Jahrhunderte immer wieder von zerstörerischen Kriegen heimgesucht und verlor mit der Zeit an Bedeutung. Erhalten geblieben sind unter anderem das 1508 errichtete, ehemalige Hospital zu St. Johannes, in dem heute das **Heimatmuseum** seine Räumlichkeiten hat, die **Stadtkirche** mit ihrem 62 Meter hohen Turm sowie der **Wasserturm**.

ℹ Bürger- und Tourismusbüro
Am Markt 1, 09619 Sayda
✆ (03 73 65) 972 22
www.sayda.eu

Mo–Mi und Fr 9–12 und 13–16, Do 9–12 und 13–18 Uhr

🏛 Erzgebirgisches Heimatmuseum
Dresdner Str. 78, Sayda
www.sayda.eu
April–Okt. So 9–12 Uhr
Eintritt frei (Spende erbeten)
Im Mittelpunkt der Ausstellung steht die Lebensweise der Menschen im Erzgebirge, das älteste Exponat stammt aus dem 13. Jh.

❿ Seiffen ➡ D10

In Seiffen scheint man fast nichts anderes zu kennen, als handgemachte Spielzeuge. Überall wird auf die alte Tradition hingewiesen, etliche Schauwerkstätten und Verkaufsläden versuchen Kunden anzulocken und neben einem städtischen **Spielzeugmu-**

Dorfkirche in Seiffen

seum, dem ein Freilichtmuseum angeschlossen ist, gibt es auch noch das Privatmuseum **Spielzeugland Max Hetze Seiffen**. Etwa 100 kleine Handwerksbetriebe in der Stadt widmen sich der Herstellung von Spielzeugen und Weihnachtsdekoration aus Holz. Darüber hinaus besteht schon seit 1852 eine Holzspielzeugmacher- und Drechslerschule im Ort. All dies hat Seiffen den Beinamen »Spielzeugwinkel« eingebracht. Dabei wird allerdings oft vergessen, dass es auch hier einmal eine Bergbauvergangenheit gab. Immerhin beruht der Ortsname der 2500 Einwohner zählenden Gemeinde auf der Tradition der Zinngewinnung durch »Ausseifen« der zinnerzhaltigen Gesteine.

»Hänsel und Gretel«: Seiffener Figuren aus dem Märchen der Gebrüder Grimm

🛈 Tourist-Information
Hauptstr. 95, 09548 Seiffen
✆ (03 73 62) 84 38
www.seiffen.de
Mo–Fr 9–17, Sa 11–15 Uhr

🏛 Erzgebirgisches Spielzeugmuseum
Hauptstr. 73, Seiffen
✆ (03 73 62) 82 39
www.spielzeugmuseum-seiffen.de
Tägl. 10–17 Uhr
Eintritt € 3,50/3
Auf etwa 1000 m² und drei Etagen wird die Geschichte der erzgebirgischen Spielwaren und Weihnachtstraditionen anhand von 5000 Exponaten dargestellt. Bekanntestes Ausstellungsstück ist der Winterberg »Christmette zu Seiffen«. Regelmäßig werden thematisch bezogene Zusatzausstellungen organisiert.

🏛 Erzgebirgisches Freilichtmuseum
Hauptstr. 203, Seiffen
✆ (03 73 62) 83 88
www.spielzeugmuseum-seiffen.de
Im Sommer tägl. 10–17, im Winter tägl. 10–16 Uhr (witterungsabhängig)
Eintritt € 3/2,50
Das seit 1973 dem Spielzeugmuseum angeschlossene Freilichtmuseum präsentiert insgesamt 14 Gebäudekomplexe im Streusiedlungscharakter des 19. Jh. Im historischen Wasserkraftdrehwerk finden täglich Vorführungen des Reifendrehens statt.

👁 🎎 Schauwerkstatt Seiffener Volkskunst
Bahnhofstr. 12, Seiffen
✆ (03 73 62) 77 40
www.schauwerkstatt.de
Tägl. 10–17 Uhr
Hier kann man den Handwerkern über die Schulter schauen, aber auch zahlreiche Seiffener Souvenirs erwerben.

✖ Holzwurm
Hauptstr. 71 a, Seiffen
✆ (03 73 62) 72 77
www.holzwurm-seiffen.de
Tägl. 11–22 Uhr
Urige Gaststätte mit erzgebirgischen Spezialitäten wie das *Arzgebirgsche Arme Leite Assen*. €€

🎎 Seiffener Pyramidenhaus
Am Rathaus 2
Seiffen
✆ (03 73 62) 760 76 oder 83 03
www.pyramidenhaus.de
Tägl. 10–17 Uhr
Das Pyramidenhaus gehört zu den traditionsreichsten Verkaufsstät-

ten erzgebirgischer Volkskunst in Seiffen.

⚐ Wintersport ➡ D10

Am 741 m hohen Reicheltberg, dem Hausberg Seiffens, lädt ein Schlepplift zu rasanten Abfahrten ein. Präparierte Langlaufloipen beginnen zum Beispiel am Parkplatz des Freilichtmuseums (www. seiffen-aktiv.de).

⚐ Seiffener Weihnacht

Der Seiffener Weihnachtsmarkt gehört wegen seines nostalgischen Ambientes zu den schönsten des Erzgebirges. Alljährlich am Samstag des zweiten Advents erinnert ein »Lichterzug auf Bergmannspfaden« an die Seiffener Bergbaugeschichte. Start ist um 17 Uhr an drei verschiedenen Stellen. ■

Volkskunst im Weihnachtsland

Die Kultur des Erzgebirges ist untrennbar mit dem seit dem Mittelalter betriebenen Bergbau verbunden. Der im Erzgebirge geprägte Ausspruch »Alles kommt vom Bergwerk her!« trifft den Kern sehr gut und beschreibt unter anderem auch den Einfluss der Bergbaus auf die erzgebirgische Weihnachtskultur. Als die Erzvorkommen gegen Ende des 16. Jahrhunderts deutlich nachließen und zahlreiche Bergleute damit die Grundlage ihres Lebensunterhalts verloren, suchten sie sich neue Erwerbsmöglichkeiten. Da Holz im Übermaß vorhanden war und die Bergleute den Umgang mit selbigem vom Schachtausbau her bereits gewohnt waren, besann man sich auf die Anfertigung von Gebrauchsgegenständen und später von Spielzeugen und Weihnachtsdekoration. Seitdem sind die kleinen hölzernen und in mühsamer Handarbeit hergestellten Bergmannsfiguren, Nussknacker, Weihnachtsengel, Schwibbögen, Reifentiere, Räuchermänner, Spieldosen und Flügelpyramiden nicht mehr aus dem Erzgebirge wegzudenken. Zentrum der Holzkunst ist Seiffen mit seinem Spielzeugmuseum und dem Nussknackermuseum im Nachbarort Neuhausen. Eine Besonderheit in der Stadt ist das Rei-

Eine noch heute gefragte handwerkliche Meisterschaft: Reifendrehen im Erzgebirgischen Freilichtmuseum in Seiffen

Schwibbogen aus Seiffen

fendrehen, eine Kunstform des Drechselns, bei der aus Holzreifen kleine Spielzeuge werden.

Die zur Adventszeit aufgebauten Weihnachtsmärkte mit ihren prächtigen, oft meterhohen Großpyramiden neben den obligatorischen Weihnachtsbäumen, wirken im Erzgebirge nicht – wie sonst so oft – fremd oder aufgesetzt, sondern scheinen die weihnachtliche Idylle der verschneiten Gegend nur zu verstärken. Zum Kauf werden auch Klöppelspitzen angeboten, wahrhafte Wunderwerke aus einfachem Garn, die fingerfertige Klöpplerinnen geduldig angefertigt haben. Auch diese Kunst wurde zeitgleich mit der erzgebirgischen Holzkunst aus der Not geboren.

Etwas ganz Besonderes sind die Heimatberge, auch als Weihnachtsberge bekannt, kunstvolle Miniaturlandschaften mit Figuren, die ein unsichtbarer Mechanismus bewegt. Einige der schönsten Heimatberge sind im Museum für bergmännische Volkskunst in Schneeberg zu sehen.

Fingerfertigkeit ist gefordert beim Spitzenklöppeln

Das Erzgebirge in Zahlen und Fakten

Geografie: Das Erzgebirge ist ein Mittelgebirge und bildete sich in seiner heutigen Form vor etwa 300 Millionen Jahren. Es umfasst eine Fläche von 4000 km². Dabei erstreckt es sich im Grenzgebiet zwischen Sachsen und Böhmen vom Auersberg im Westen bis zum Geisingberg im Osten über eine Länge von 130 km und eine Breite von 35 km. Die Kammlinie verläuft knapp südlich der Staatsgrenze zwischen Deutschland und Tschechien. Während es von Norden aus langsam ansteigt, fällt es im Süden – auf tschechischer Seite – steil ab.

Flüsse und Seen: Die wichtigsten Flüsse sind die Zwota, Rolava, Zwickauer Mulde, Chemnitz, Würschnitz, Zwönitz, Freiberger Mulde, Zschopau, Flöha, Rote Weißeritz, Müglitz und die Gottleuba. Die wichtigsten Seen sind die Talsperren Eibenstock, Carlsfeld, Sosa, Markersbach, der Greifenbachstauweiher sowie der Filzteich bei Schneeberg.

Höchste Berge: Klínovec/Keilberg (1244 m) in Tschechien, Fichtelberg (1215 m) bei Oberwiesenthal, Auersberg (1019 m) bei Johanngeorgenstadt, Kahleberg (905 m) bei Altenberg

Einwohner: In der Tourismusregion Erzgebirge mit den Landkreisen Erzgebirge und Zwickau sowie Teilgebieten der Landkreise Mittelsachsen und Sächsische Schweiz-Osterzgebirge leben ca. 1 Mio. Menschen.

Bevölkerungsdichte: Das Erzgebirge gilt als das am dichtesten besiedelte Mittelgebirge Deutschlands. Im Landkreis Erzgebirge beträgt die Bevölkerungsdichte 201 Einwohner je km², im Landkreis Zwickau liegt sie bei 360 Einwohner je km².

Wirtschaft: Das Erzgebirge wurde in seiner wirtschaftlichen Entwicklung seit den ersten größeren Funden von Silbererz in hohem Maße vom Bergbau beeinflusst und ist einer der ältesten und traditionsreichsten Industriestandorte Deutschlands. Obwohl die Förderung von Erzen stark nachgelassen hat, weist die Region die höchste Industriedichte Sachsens auf, da die dem Bergbau folgenden, verarbeitenden Industrien immer noch überdurchschnittlich vertreten sind. Schlüsselbranchen sind Metallverarbeitung und Maschinenbau, Fahrzeugbau, Halbleiter- und Umwelttechnik, Kunststoff- und Holzverarbeitung sowie Papierherstellung. Weiterhin gibt es zahlreiche inhabergeführte kleine und mittelständische Unternehmen. Tourismus ist im Erzgebirge zwar auch ein wichtiger Wirtschaftsfaktor, aber nur in Teilräumen strukturbestimmend. Das BIP pro Erwerbstätigem liegt mit € 42 899 noch unter dem sächsischen und deutschen Durchschnitt. Die Arbeitslosenquote von rund 9 % ist starken saisonalen Schwankungen unterworfen.

Anreise

Mit dem Auto

Die Autobahnen A4, A72 und A17 führen ins Erzgebirge. Bei einer Anreise im Winter sollte man immer Winterreifen anlegen und auf jeden Fall Schneeketten dabei haben, schließlich ist das Erzgebirge für sein raues Wetter und seinen Schneereichtum bekannt. Generell ist man mit einem Auto natürlich flexibler, kann aber während der Fahrt nicht immer die schöne Aussicht genießen. Von Berlin nach Annaberg-Buchholz braucht man für die 295 km gut drei Stunden, von Hamburg sind es für 533 km etwa fünfeinhalb Stunden, für eine Anfahrt aus Düsseldorf muss man für die 582 km etwa sechs Stunden rechnen und für die Anreise aus München sind es bei 407 km Entfernung gut vier Stunden.

Mit der Bahn

Bei einer Anreise mit der Bahn kann man natürlich viel eher die Landschaft genießen und hat Zeit, während der Fahrt im vorliegenden Reiseführer zu lesen. Eine Bahnfahrt ins Erzgebirge führt meistens bis Zwickau, Chemnitz oder Dresden und von da aus weiter mit Regionalbahnen oder mit dem Bus. Sowohl die Strecken der Deutschen Bahn wie auch die der Freiberger Eisenbahn, die von Freiberg über Rechenberg-Bienenmühle nach Holzau führt, werden mit modernen Triebzügen befahren. Die Strecken der DB-Erzgebirgsbahn verbinden Chemnitz mit Annaberg-Buchholz und Cranzahl, Chemnitz mit Marienberg, Olbernhau und Neuhausen, Chemnitz mit Thalheim und Aue sowie Zwickau mit Johanngeorgenstadt. Historische Schmalspurbahnen fahren von Cranzahl zum Kurort Oberwiesenthal (**8** **Fichtelbergbahn**), von Jöhstadt nach Steinbach (Preßnitztalbahn) und von Freital bis Dippoldiswalde (Weißeritztalbahn).

Hinweise für die Einreise nach Tschechien

Mit dem Beitritt der Tschechischen Republik zum Schengen-Raum sind die Personenkontrollen an der deutsch-tschechischen Grenze entfallen. Dennoch müssen sich deutsche Staatsangehörige natürlich mit einem gültigen Personalausweis oder Reisepass ausweisen können. Nicht anerkannt werden Kinderausweise ohne Lichtbild. Kinder bis zum vollendeten 15. Lebensjahr, die im Reisepass eines begleitenden Elternteils eingetragen sind, benötigen allerdings kein Lichtbild. Führer von Fahrzeugen, die nicht in Tschechien angemeldet sind, müssen die grüne Versicherungskarte vorlegen können. Außerdem ist die Nutzung von Autobahnen und Schnellstraßen für Kraftfahrzeuge bis zwölf Tonnen gebührenpflichtig. Die benötigten Vignetten können an der Grenze und an Tankstellen erworben werden. Derzeit kostet eine 10-Tages-Vignette

»Im tiefen Tann« bei Oberwiesenthal

für Kraftfahrzeuge bis 3,5 Tonnen 310 CZK (€ 12,37), eine Monatsvignette 440 CZK (€ 17,55) und eine Jahresvignette 1500 CZK (€ 37,60). Für Kraftfahrzeuge mit mehr als 3,5 Tonnen Gewicht muss eine elektronische Maut bezahlt werden. Weitere Infos gibt es auf www.autobahn.cz oder www.premid.cz.

Auskunft

Die meisten in diesem Buch erwähnten Orte haben eine eigene Touristeninformation. Deren Adresse ist unter der Beschreibung der jeweiligen Orte im Kapitel Vista Points angegeben. Wer sich zunächst einmal einen allgemeinen Überblick über das Erzgebirge verschaffen möchte, kann sich an folgende Adresse wenden:

Tourismusverband Erzgebirge e.V.
Adam-Ries-Str. 16
09456 Annaberg-Buchholz
℗ (037 33) 18 80 00
Fax (037 33) 188 00 20
www.erzgebirge-tourismus.de

ErzgebirgsCard
Mit der vom Tourismusverband angebotenen ErzgebirgsCard können Urlaubsgäste den Aufenthalt kostengünstiger gestalten, denn damit erhält man freien Eintritt in rund 100 Einrichtungen und Ermäßigung bei 30 Partnern.

Meisterwerke der Spitzenkunst oder …

Darüber hinaus gilt sie im Gültigkeitszeitraum als Fahrausweis für alle Bus- und Straßenbahnlinien sowie in den Nahverkehrszügen des Verkehrsverbunds Mittelsachsen. Zusätzlich erhält man den Freizeitführer Erzgebirge. Es gibt eine ErzgebirgsCard für 48 Stunden (€ 22/11 für Kinder von 6 bis 14 Jahren) und eine, die an vier frei wählbaren Tagen innerhalb eines Kalenderjahres gültig ist (€ 33/16). Erhältlich ist die Karte bei den beteiligten Einrichtungen, allen angeschlossenen Touristeninformationen und Fremdenverkehrsämtern sowie direkt auf der Webseite des Verbandes.

Einkaufen

Produkte des täglichen Lebens erhält man – wie überall in Deutschland – in jeder Kleinstadt. In Dörfern ist gibt es des Öfteren kein einziges Lebensmittelgeschäft, so dass manchmal vorgesorgt werden muss, je nachdem, wo man sich aufhält oder plant hinzufahren. Ebenso verhält es sich natürlich während mehrtägiger Wanderungen oder Fahrradtouren.

Da das Erzgebirge nun mal eine Hochburg der Holzkunst und des Kunsthandwerks allgemein ist, ist das Angebot an Souvenirs vor allem in den touristischen Zentren wie **❺ Annaberg-Buchholz**, **❿ Seiffen** und **Freiberg** geradezu überbordend. Allerorten laden Schauwerkstätten zum Zusehen beim Anfertigen der Produkte ein. Die beliebtesten Souvenirs sind aus Holz angefertigte Räuchermännchen, Nussknacker, Schwibbögen, Weihnachtspyramiden, Spieldosen, Engel und Bergmänner, Miniaturen, Blumenkinder, Osterhasen, das Olbernhauer Reiterlein, Lichterhäuser, traditionelles Holzspielzeug, aber auch Meisterwerke der Klöpplerinnen. Darüber hinaus werden oftmals auch seltene Edelsteine oder optisch interessante Mineralienstufen angeboten. In der Weihnachtszeit bietet sich der Kauf eines oder gleich mehrerer Butterstollen an und nicht zuletzt sind auch die Produkte der erzgebirgischen Schnapsbrennereien geeignete Mitbringsel.

Essen und Trinken

Jahrhundertelang war die erzgebirgische Küche vom harten und kargen Leben der einfachen Bergleute geprägt, die an allen Ecken sparen und improvisieren mussten, um über die Runden zu kommen. Dennoch ist besonders das 18. Jh. für die heute typischen Gerichte prägend gewesen, als nach der großen Hungersnot in den Jahren 1771 und 1772 die Kartoffel im Zuge der kirchlichen »Knollenpredigten« den Weg auf den Speisetisch der Erzgebirgler fand. Noch heute bestimmt sie den Speiseplan, zahlreiche lokale Spezialitäten, meist deftiger Art, haben sich herausgebildet. Mahlzeiten aus Pellkartoffeln, Quark und Leinöl oder aus Kartoffeln, Pilzen und Speck gehören zu den bekanntesten Variationen. Grüne Klöße beziehungsweise Kartoffelklöße kamen früher meist nur an Feiertagen auf den Tisch. Sehr typisch für die Region ist auch das erzgebirgische *Neinerlaa* (Neunerlei), das traditionsgemäß am Heiligabend zubereitet wird und aus neun Gerichten, deren Bestandteile stark variieren können, besteht. Das bevorzugte Getränk der Erzgebirgler ist unter anderem Kaffee, der natürlich gerne mit selbstgemachtem Blechkuchen oder Butterstollen zu sich genommen wird. Am Abend wird dann eher ein erzgebirgisches Bier wie Freiberger, Wernesgrüner oder Fiedler vorgezogen, es kann aber auch mal ein Kräuterlikör

... eine Flügelpyramide mit der Geburt Christi als Mitbringsel

oder Kräuterschnaps aus einer der regionalen Schnapsbrennereien sein. Restaurantbesuche müssen im Erzgebirge nicht teuer sein. Eine gut gemachte Hauptspeise kann man schon für unter zehn Euro bekommen. Hauptgerichte für mehr als 15 Euro kommen seltener vor.

Feste und Veranstaltungen

Die bergmännischen Traditionen spielen bei den meisten Festen im Erzgebirge eine große Rolle. Da gibt es beispielsweise die großen Bergparaden in der Vorweihnachtszeit wie in Annaberg-Buchholz und Schwarzenberg, die Mettenschichten in zahlreichen Schaubergwerken, das Schneeberger Lichtelfest oder das Freiberger Bergstadtfest jeweils am zweiten Advent und der Bergstreittag in Schneeberg am 22. Juli.

Einen ganz anderen Hintergrund hat das älteste und größte Volksfest des Erzgebirges: Die **Annaberger Kät** zieht alljährlich über 100 Schausteller und hunderttausende Besucher an und findet am zweiten Samstag nach Pfingsten neun Tage lang in Annaberg-Buchholz statt. Entstanden ist das Volksfest im Jahr 1520 als Wallfahrt zur Hospitalkirche St. Trinitatis.

Noch nicht so lange gibt es das Wintertreffen der Motorradfreunde auf Schloss Augustusburg am ersten Wochenende im Januar und den Skifasching in Oberwiesenthal.

Hinweise für Menschen mit Behinderungen

Die Bemühungen im Erzgebirge, Menschen mit Behinderungen zu einem hindernisfreien und damit angenehmen Aufenthalt in der Region zu verhelfen, sind groß. Vor allem in den Städten sind Be-

Bergmännisches Brauchtum

Zu den bekanntesten Traditionen des bergmännischen Brauchtums zählen sicher die Bergparaden, die immer vor allem in der Adventszeit stattfinden. Dann schmücken sich die Mitglieder der Bergbrüderschaften mit den historischen Berguniformen ihrer Vorfahren und ziehen zu Hunderten durch die Stadtzentren, während sie von zahlreichen Blasmusikkapellen begleitet werden. Die bedeutendste Bergparade ist die Große Bergparade am vierten Adventssonntag in Annaberg-Buchholz. Beschaulicher geht es bei den Bergmettenschichten zu, den vorweihnachtlichen Zusammenkünften der Bergleute, die ursprünglich während der letzten Schicht vor Heiligabend durchgeführt und regional sehr unterschiedlich gestaltet wurden. Mittlerweile finden sie für Touristen während der gesamten Adventszeit statt – unter Tage natürlich, mit Weihnachtsbäumen aus Holzlatten, einer deftigen Bergmannsmahlzeit und erzgebirgischer Weihnachtsmusik.

Nur noch in Museen zu betrachten sind Buckelbergwerke. Bergfertige, arbeitsunfähig gewordene Bergmänner verdienten sich im 19. Jahrhundert ein Zubrot, indem sie mit einer unterirdischen Miniaturbergwerksanlage auf ihrem Rücken die Jahrmärkte besuchten. Durch eine Handkurbel wurden die Figuren bewegt und akustische Elemente wie rhythmisches Klopfen ausgelöst.

Freiberg auf dem Obermarkt: Aufzug der Historischen Freiberger Berg- und Hüttenknappschaft am Sonnabend vor dem 2. Advent

In den Wäldern des Erzgebirges Wandern und ganz nebenbei …

hindertenparkplätze, abgesenkte Bordsteine und rollstuhlgerechte Fahrstühle beinahe schon selbstverständlich. Dennoch kann nicht davon ausgegangen werden, dass das ganze Erzgebirge behindertenfreundlich ausgestattet ist. Vor allem in den ländlichen Gebieten ist noch allerlei aufzuholen. Darüber hinaus sind allein die geografischen Bedingungen kompliziert. Nicht alle Aussichtstürme haben einen Fahrstuhl. Am besten informiert man sich auf der Website des Tourismusverbandes Erzgebirge e. V. (www.erzgebirge-tourismus.de). Unter der Rubrik »Barrierefrei Reisen« sind die meisten behindertengerechten Sehenswürdigkeiten, Restaurants und Unterkünfte aufgelistet.

Internet

Folgende Webseiten sind hilfreich:
www.erzgebirge.de
www.erzgebirgswetter.de
www.erzgebirge.org
www.echt-erzgebirge.de
www.alte-salzstrasse.de
www.naturpark-erzgebirge-vogtland.de
www.montanregion-erzgebirge.eu

Klima und Reisezeit

Wie in anderen Mittelgebirgen ist das Klima im Erzgebirge rauer als im Flachland. Der Sommer ist kürzer und kühler und der Winter bringt deutlich mehr Schnee. Außerdem zeigt sich das Wetter, wie in allen Gebirgen üblich, sehr wechselhaft. Bei West- und Nordwestwind kommt es häufig zu lang anhaltenden Regengüssen und damit zu einer insgesamt doppelten Niederschlagsmenge als im Flachland. Das kann im Winter natürlich zu einer dicken Schneedecke führen. Daher gilt das Erzgebirge auch als schneesicher, vor allem die Kammlagen sind in der Regel bis in den April zugeschneit. Überdies können im Winter bei Südwetterlagen Föhnwinde oder

… auf Pilzsuche gehen, aber über die Essbarkeit bitte vorher informieren!

der sogenannte Böhmische Wind auftreten. Der Böhmische Wind kommt aus dem Böhmischen Becken, ist meist sehr böig, trocken, leicht staubhaltig und bringt niedrige Temperaturen mit sich.

Die Hauptreisezeit ist sicher die Weihnachtszeit, wenn es in allen Ortschaften so feierlich-festlich zugeht wie kaum anderswo, nostalgische Weihnachtsmärkte mit meterhohen Pyramiden zum Verbleiben einladen und das verschneite Gebirge außerdem vor allem in Oberwiesenthal oder Altenberg ideale Wintersportmöglichkeiten bietet.

Der Frühling und der Herbst dagegen eignen sich hervorragend für Wanderer und Fahrradfahrer, wenn sich die Natur zu verändern beginnt und es entweder blühende Bäume und Wiesen oder aber braunrote Wälder zu bestaunen gibt. Darüber hinaus sind zu dieser Zeit die Museen und Schauwerkstätten nicht so überlaufen.

Der Sommer bietet sich vor allem für einen Badeaufenthalt an, wenngleich das Erzgebirge nicht gerade viele und vor allem große Seen zu bieten hat. Wandern dürfte auch im Sommer Spaß machen, wenn es in den Kammlagen ein bisschen kühler ist als im überhitzten Flachland.

Kurtaxe

In den meisten Orten der Tourismusregion Erzgebirge wird eine Kurtaxe erhoben, die in der Regel zwischen einem und zwei Euro pro Nacht und Person liegt und für Urlauber gilt, die in Hotels, Pensionen oder auf Zeltplätzen und dergleichen übernachten. Befreit sind meistens Kinder bis zum vollendeten sechsten Lebensjahr, eine Ermäßigung erhalten Kinder ab dem siebten bis zum vollendeten 16. Lebensjahr sowie Schüler und Studenten, Behinderte, Harz-IV-Empfänger sowie Teilnehmer an Kongressen, Seminaren und Tagungen.

Mit Kindern im Erzgebirge

Noch vor wenigen Jahren konzentrierten sich die touristischen Angebote im Erzgebirge überwiegend auf ältere Touristen. Inzwischen entwickelt sich die Region aber immer mehr zu einem attraktiven Urlaubsgebiet für Familien, und das zu jeder Jahreszeit. So erkennt man mittlerweile in ganz Sachsen geprüfte und ausgezeichnete familienfreundliche Orte und Einrichtungen an der »Familienplakette«.

Ganzjähriger Rodelspaß: Allwetterbobbahn in WurzelRudi's ErlebnisWelt in Eibenstock

Wintersonnenuntergang im Erzgebirge

Die Möglichkeiten, mit Kindern einen abwechslungsreichen Urlaub im Erzgebirge zu erleben, sind vielfältig. Schöne Tiergärten wie der **zoo der minis** in Aue, ein fantastischer Abenteuerspielplatz in **WurzelRudi's ErlebnisWelt** in Eibenstock, das einfallsreich gestaltete **Spielzeugland Stockhausen** in Olbernhau oder aber **Sommerrodelbahnen** beispielsweise in Seiffen laden Kinder wie Erwachsene zu einem Besuch ein. Auch Fahrten mit einer historischen Schmalspurbahn wie der ❽ **Fichtelbergbahn**, der Besuch einer Schauwerkstatt, etwa im Seiffener Freilichtmuseum, oder aber die Einfahrt in eins der 20 Schaubergwerke wie dem Markus-Röhling-Stolln im Zentrum von Annaberg-Buchholz können für Kinder sehr interessant sein. Darüber hinaus lohnt sich ein Besuch der **Erlebnisburg Scharfenstein**, des **Miniaturparks »Klein Erzgebirge«** in Oederan, der **Manufaktur der Träume** in Annaberg-Buchholz oder aber des **Zeiss-Planetariums** in Drebach.

Nachtleben

Das Nachtleben im Erzgebirge ist überschaubar. Vor allem in den kleineren Ortschaften ist es schwer, überhaupt eine Bar, eine Kneipe oder ein Restaurant zu finden. In den größeren Städten sieht die Situation natürlich ganz anders aus. In Chemnitz gibt es zahlreiche Möglichkeiten, die Nacht zum Tag zu machen, auch in Zwickau, Freiberg und Annaberg-Buchholz ist die Lage gut. Des Weiteren gibt es in den größeren Städten mit ihren Theatern, Konzertsälen, Kinos und Galerien auch ein reizvolles kulturelles Angebot.

Notfälle, wichtige Rufnummern

Euronotrufnummer (Rettungsdienst, Feuerwehr und Polizei) ✆ 112
Pannenhilfe ADAC ✆ (018 02) 22 22 22 (aus dem Festnetz),
✆ 22 22 22 (vom Mobiltelefon ohne Vorwahl),

auch in Lokalausgaben erhältlich (www.freiepresse.de). Die Zeitung betreibt außerdem die Webseite www.erzgebirge.de, die ausführliche Informationen zum Erzgebirge bereithält. Die SPD-nahe *Sächsische Zeitung* ist die auflagenstärkste Zeitung im Raum Dresden. Sie besteht bereits seit 1946 und ist der größte Konkurrent der bürgerlich-konservativen *Dresdner Neueste Nachrichten.* Der Mitteldeutsche Rundfunk, die Rundfunkanstalt der Länder Sachsen, Sachsen-Anhalt und Thüringen, bietet einen Fernsehsender und sieben Radiosender, unter anderem die Sender MDR 1 Radio Sachsen und MDR Info.

+49 (89) 22 22 22 (aus dem Ausland)
ACE Euro-Notruf (℗ 018 02) 34 35 36
Notfallnummer zur Kartensperrung ℗ 11 61 16 (im Inland gebührenfrei)
Die Servicenummern sind rund um die Uhr besetzt.

Presse

Die in Chemnitz ansässige Tageszeitung *Freie Presse* ist Sachsens größte Abonnement-Zeitung und

Sport und Erholung

Zahlreiche Urlauber kommen im Frühling, Sommer und Herbst ins Erzgebirge, um die abwechslungsreiche Natur der Region kennenzulernen oder zu erwandern. Eben weil die Steigungen nicht zu steil sind, das Wetter nicht zu heiß und die Infrastruktur gut ausgebaut ist, eignet sich das Erzgebirge als Wandergebiet für Jung und Alt. Der bekannteste

Unterwegs am Katzenstein im Schwarzwassertal

Langlaufloipe bei Oberwiesenthal

und auch reizvollste Wanderweg der Region ist der **Kammweg**. Durchgehend mit dem Siegel »Qualitätsweg Wanderbares Deutschland« ausgezeichnet wurde er vom Deutschen Wanderverband im Jahre 2011. Er beginnt in Altenberg im Osterzgebirge, durchquert sowohl das Erzgebirge als auch das Vogtland und endet in Blankenstein in Thüringen. Natürlich ist der Weg auch in die andere Richtung begehbar. Mehr Infos gibt es auf der Website www.kammweg.de.

Etliche weitere Wanderwege, die zum großen Teil ausgeschildert sind, bieten den Gästen ideale Bedingungen. Hohe Berggipfel und wild-romantische Flusstäler wie das ❾ **Schwarzwassertal** bilden eine abwechslungsreiche Landschaft, die von geschichtsträchtigen Bergbaustädten durchsetzt ist.

Auch Radfahrer können sich im Erzgebirge austoben. Hier gibt es Touren und Strecken für alle und jeden – je nach Schwierigkeitsgrad kann man eine gemütliche Tagestour oder eine anspruchsvolle Mehrtagestour unternehmen. Mehrere gekennzeichnete Fahrradtouren wie beispielsweise die **Preßnitztalroute** nehmen den Bikern die Planungsmühen ab. Auch die **Kammtour** ist für Fahrradfahrer geeignet. Trekkingfahrer fühlen sich hier ebenso wohl wie Mountainbikefans oder Liebhaber von E-Bikes, die man an verschiedenen Stellen im Erzgebirge mieten kann (Tourenvorschläge unter www.erzgebirgetourismus.de).

Der Winter bietet unbegrenzte Möglichkeiten für Schneefans. Nicht nur in den schneesicheren Kammlagen kann man im langen erzgebirgischen Winter etwa 70 Skipisten hinabbrausen, auf ungefähr tausend Kilometern gespurten Loipen laufen oder in hochmodernen Rodelbahnen seine Höchstgeschwindigkeit testen. Etwas Außergewöhnliches ist die **Skimagistrale Erzgebirge/Krušné hory**, eine deutsch-tschechische Skiwanderstrecke, die über den gesamten Erzgebirgskamm führt. Die bekanntesten Wintersportzentren sind **Altenberg, Carlsfeld, Holzhau, Johanngeorgenstadt, Jöhstadt** und vor allem

7 **Oberwiesenthal** mit seiner zertifizierten FIS-Slalompiste am Fichtelberg.

Erholung suchende Gäste werden sich vielleicht eher in einem der Kurzentren wohlfühlen. Vor allem dort, wo seit Jahrhunderten historische Thermalquellen sprudeln, wie zum Beispiel im **Kurort Warmbad**, im **Thermalbad Wiesenbad** oder in **Bad Schlema**, wo das radonhaltige Wasser den Bewegungsapparat wieder in Gang bringen soll. In den Thermalbädern gibt es natürlich nicht nur besondere Wasserbecken, sondern auch diverse Wellnessangebote und einen Saunabereich. Darüber hinaus warten im Erzgebirge gleich mehrere Erlebnisbäder für die ganze Familie. Das Nass kann man im Sommer an ausgewählten Orten auch an der frischen Luft genießen. Vor allem die **Talsperren Pöhl** und **Malter** sowie der **Greifenbachstauweiher** locken zahlreiche Badenixen und Wasserfreunde an.

Sprachhilfen für das Erzgebirgische

Das Erzgebirgische ist für die meisten Touristen ein kaum verständlicher Dialekt, der viele Gemeinsamkeiten mit dem Bayrischen und vor allem mit dem Ostfränkischen aufweist. Allerdings unterscheidet er sich sehr stark von Ort zu Ort und auch eine klar definierte Schriftsprache ist nicht vorhanden. Unterscheiden lässt sich allerdings das oberfränkisch beeinflusste Westerzgebirgische im Raum Annaberg-Buchholz, Schwarzenberg und Schneeberg vom Osterzgebirgischen, das mehr vom Meißenischen geprägt ist. Zum Beispiel spricht man das Wort »nicht« im Westerzgebirge *net* und im Osterzgebirge *ni* oder *nich* aus. Gemeinsam haben alle Unterarten des Erzgebirgischen, dass das ü stets als i und ei- bzw. au-Laute oft, aber eben nicht immer, als aa ausgesprochen werden. So sagen die Erzgebirger nicht etwa »Glück auf!« sondern *Glig auf!* oder *Gauf!* Verniedlichungsformen und das Weglassen von Wortenden sind ebenfalls weit verbreitet. Eine gute Webseite zum Thema ist www.erzgebirgisch.de.

Unterkunft

Im Erzgebirge gibt es ein breites Spektrum an Unterkunftsmöglichkeiten. Hotels, Pensionen, Ferienwohnungen, Campingplätze und Jugendherbergen – die Auswahl ist groß und die Qualität kann sich sehen lassen. Gediegene **Mittelklassehotels**, in denen man für etwa € 50–120 ein Doppelzimmer inklusive Frühstück bekommt, sind am häufigsten vertreten. Schwierigkeiten wird dagegen der bekommen, der ein Haus der Luxusklasse sucht. Kleine **Pensionen** sind in der Regel immer etwas preisgünstiger als die Hotels großer Ketten.

Eine gute Alternative stellen **Privatzimmer** und **Ferienwohnungen** bzw. Ferienhäuser dar. Preislich in der Regel noch unter den Pensionen gelegen, bieten sie unter anderem die Möglichkeit, sich auch mal sein eigenes Essen zu kochen. Eine gute Auswahl erhält man auf www.ferienwohnungenerzgebirge.de und gastgebererzgebirge.de.

Etwas Besonderes ist das touristische Angebot der »**Echt Erzgebirgischen Landgasthöfe**«, eine Gemeinschaft von über dreißig familiengeführten Gaststätten und Hotels, die den Besuchern mit ihrer Art der Beherbergung, Bewirtung und Betreuung die besonderen Eigenheiten des Erzgebirges nahebringen wollen (www.erzgebirge-tourismus.de).

Als Destination für Campingurlauber hat sich das Erzgebirge bislang noch keinen Namen gemacht. Dennoch gibt es immerhin etwa 20 **Campingplätze**, deren Niveau vom einfachen Stellplatz bis zum Fünf-Sterne-Campingplatz reicht. Die schönsten Gegenden für einen Urlaub im Zelt oder Wohnmobil sind die Talsperren Malter, Pirk und Pöhl.

Jugendherbergen sind heutzutage längst nicht nur für junge Menschen eine ernsthafte Alternative. Nicht zuletzt weil zahlreiche Hostels an Attraktivität zulegen und auch immer mehr Zweibettzimmer anbieten. Ein Ausweis des Deutschen Jugendherbergswerks ist Voraussetzung für eine Übernachtung und kann vor Ort oder online erworben werden (www.djh-sachsen.de).

Verkehrsmittel

Die Deutsche Bahn AG bedient fünf Strecken im Erzgebirge (www.bahn.de), dazu kommen die der Freiberger Eisenbahn und drei Schmalspurbahnstrecken. Wer mit dem Bus durch das Erzgebirge reisen will, muss längere Wartezeiten in Kauf nehmen. Dafür gelangt man in so gut wie alle Orte, muss aber darauf achten, rechtzeitig wieder zum Übernachtungsort zurückzukehren, da zahlreiche Strecken nur bis zum frühen Abend befahren werden. Einen Strecken- und Fahrplan finden Sie auf der Website der RVE Regionalverkehr Erzgebirge GmbH (www.rve.de) mit einem Link zur Online-Fahrplanauskunft des VMS Verkehrsverbundes Mittelsachsen (www.vms.de). ∎

Spätsommerliche Landschaft im Osterzgebirge

Fotolia/AndreasJ: S. 29 o.; Aotearoa: S. 28; Sonja Birkelbach: S. 12 o.; Andrew Buckin: S. 59; André Bujara: S. 2 o. r., 57; Frederico di Campo: S. 2 o. l., 10, 11, 17, 19 o.; Flexmedia: S. 55 u.; Frankoppermann: S. 83; Gnagi: S. 29 u.; Hecht7: S. 91; Klaus Heidemann: S. 3 u.; Carsten Hossfeld: S. 77; Sven Käppler: S. 64; Kawhia: S. 16; Neppomuk: S. 60; Kai-Michael Neuhold: Schmutztitel (S. 1); Pelz: S. 41; Picture-pit: S. 34; Pixstore: S. 47; Peter Probst: S. 8; Edler von Rabenstein: S. 26, 51; Dagmar Richardt: S. 89; Erik Schumann: S. 22, 48, 71, 79 u., 82; Willi: S. 68; Heiko Zahn: S. 88 o.
iStockphoto/Dirk Baltrusch: S. 53; Tangens: S. 70 o.; ZU_09: S. 73, 76, 87
Roland E. Jung, Möhnesee: S. 2 o. Mitte, 3 o. l., 3 o. Mitte, 36, 38/39, 54, 55 o., 62, 63, 67, 78, 86, 88 u.
Pixelio/Marco Barnebeck: S. 85 u.; Cekora: S. 79 o.; Christoph S.: S. 31; Andreas Hermsdorf: S. 81; Bettina Stolze: S. 85 o.
Stadtmarketing Freiberg GmbH/Ralf Menzel: S. 14 o., 14 u., 15 o., 15 u., 19 u., 20, 23, 84; Eckhardt Mildner: S. 3 o. r., 24
Vista Point Verlag (Archiv), Köln: S. 6 u., 7 o., 7 u., 9, 33 o.
Wikipedia/Devilsanddust: S. 46, 58; DoomWarrior: S. 35; EvaK: S. 74; Friedrichsen: S. 21; Geme: S. 49; Harke: S. 45; JoJan: S. 6 o.; Norbert Kaiser: S. 61; André Karwath Aka: S. 43, 70 u.; Kolossos: S. 18; Rob Lavinsky: S. 12 u. l., 12 u. Mitte, 12 u. r.; Leviathan: S. 4/5; Miebner: S. 40; Nairem: S. 50; Andreas Praefcke: S. 27; René Röder: S. 75; Tkarscher: S. 33 u.; Unukorno: S. 13, 25; Vwpolonia75: S. 30; Zairon: S. 32

Schmutztitel (S. 1): Parade der Nussknacker in Oberwiesenthal
Seite 2/3 (v. l. n. r.): Freiberg, Hügellandschaft im Westerzgebirge, Preßnitztalbahn, Schwarzwassertal bei Marienberg, Schwarzwassertal, Bergstadtfest in Freiberg, Wildschwein im Wildpark Osterzgebirge (S. 3 u.)

Konzeption, Layout und Gestaltung dieser Publikation bilden eine Einheit, die eigens für die Buchreihe der **Go Vista City/Info Guides** entwickelt wurde. Sie unterliegt dem Schutz geistigen Eigentums und darf weder kopiert noch nachgeahmt werden.

© 2013 Vista Point Verlag GbmH, Händelstr. 25–29, D-50674 Köln
Alle Rechte vorbehalten
Verlegerische Leitung: Andreas Schulz
Reihenkonzeption: Vista Point-Team
Bildredaktion: Andrea Herfurth-Schindler
Lektorat: Franziska Zielke
Layout und Herstellung: Kerstin Hülsebusch-Pfau
Reproduktionen: Henning Rohm, Köln
Kartographie: Kartographie Huber, München
Druckerei: Colorprint Offset, Unit 1808, 18/F., 8 Commercial Tower, 8 Sun Yip Street, Chai Wan, Hong Kong

ISBN 978-3-86871-057-1

An unsere Leser!
Die Informationen dieses Buches wurden gewissenhaft recherchiert und von der Verlagsredaktion sorgfältig überprüft. Nichtsdestoweniger sind inhaltliche Fehler nicht immer zu vermeiden. Für Ihre Korrekturen und Ergänzungsvorschläge sind wir daher dankbar.

VISTA POINT VERLAG
Händelstr. 25–29 · 50674 Köln · Postfach 270572 · 50511 Köln
Telefon: 02 21/92 16 13-0 · Fax: 02 21/92 16 13-14
www.vistapoint.de · info@vistapoint.de